THE PARISIANER

CHRONIQUES DU MUSÉUM

THE PARISIANER

CHRONIQUES DU MUSÉUM

Textes de Camille Aulas et François Aulas
Illustrations par les artistes de The Parisianer

Avant-propos du Muséum

L'histoire naturelle recèle de hauts lieux, voire des lieux chargés de symboles comme ceux du Muséum national d'histoire naturelle, institution répartie sur treize sites.
L'histoire naturelle fait aussi voyager dans le temps. Jouons à traverser les époques en un lieu donné, le Jardin des Plantes. C'est parti !
Vous êtes carrier au sud-est de Lutèce pour le compte de l'administration romaine. Vos esclaves viennent de terminer d'extraire les derniers gros moellons pour la construction de thermes sur la rive gauche de la Seine. Mais vous êtes en mauvaise posture, menacé par vos esclaves en révolte. Les troupes romaines ont à ce moment autre chose à garder qu'une carrière de pierre. Ce scénario est-il fiable ?
Vous êtes maintenant régisseur du Cabinet d'histoire naturelle du roi en 1777. Vous répertoriez des objets exotiques et mystérieux. Vous subissez les remontrances de Georges Louis Leclerc, comte de Buffon, intendant du Jardin royal des plantes, qui ne retrouve pas son chimpanzé naturalisé Jocko. Est-ce enviable ?
Faites un saut d'un siècle. Vous êtes maintenant directeur de la Ménagerie en 1871, en train de manger votre maigre part de viande des animaux du zoo dont vous aviez la charge. Votre pitance est partagée avec les communards et le peuple affamé de Paris assiégé par les armées prussiennes. Cela vous fait-il rêver ?
Oui car, en feuilletant ce volume, vous avez déjà compris que l'humour, ou le décalage onirique, n'est pas incompatible avec la restitution de faits historiques et scientifiques avérés. Oui, il y a bien eu une carrière romaine sur le site de l'actuel Jardin des Plantes. Oui, pendant le siège de la Commune, le peuple de Paris affamé a bien mangé les animaux de la Ménagerie. C'est sans doute triste, mais la question n'est pas là : on peut apprendre en s'amusant, non ?
C'est ce que vous propose ce livre, dont les faits sont délivrés comme ayant fait la une du magazine *The Parisianer*. Bon voyage !

Bruno David
Président du Muséum national d'histoire naturelle

Le regard de The Parisianer

Et si la science interrogeait l'art ? Et si l'art regardait la science ? C'est ce désir qui est à l'origine de cet ouvrage : autour d'un voyage dans le temps de la recherche et de la connaissance, conjuguer justesse historique, transmission du savoir et interprétation poétique.

Scientifiques et artistes ont en commun d'imaginer pour décrypter, comprendre et réinventer le monde.

Dans la lignée de *The Parisianer* et *The Parisianer 2050*, nous avons invité des artistes de talent à illustrer les unes d'un magazine imaginaire rapportant quelques événements ou théories majeurs de l'histoire naturelle. Des origines de la Terre jusqu'à la conquête de Mars, ces chroniqueurs graphiques anachroniques se sont projetés dans l'histoire de notre planète pour l'interpréter avec leur regard, leur ton et leur style.

Découvrir pour la première fois une girafe ou un diplodocus, prendre conscience de la sexualité des plantes, débattre de l'origine du monde, constater les ravages des activités humaines sur le vivant, rêver de conquérir l'univers, rechercher les vestiges de règnes disparus...

Cette plongée dans la grande épopée naturaliste invite chacun, à l'image des illustrateurs, à se raconter sa propre histoire naturelle...

Aurélie Pollet et Michael Prigent

Indispensable Muséum

Le disque dur de la nature

L'histoire naturelle est d'utilité publique : elle vise la compréhension de tous les objets de la nature, observe et compare les composantes des mondes minéral, végétal et animal, élabore, discute et valide des théories. Désormais, elle se déploie sans aucune limite de temps ou d'espace. Des confins de l'univers jusqu'aux écosystèmes terrestres – et océaniques – les plus discrets voire inaccessibles, elle tend à appréhender tout le vivant, humains compris. Ainsi compose-t-elle le grand dictionnaire de la nature, que le Muséum national d'histoire naturelle met à la disposition de tous.

Des naturalistes engagés

Depuis 1635 et la fondation du Jardin royal des plantes médicinales, transformé en 1793 en Muséum national d'histoire naturelle, les plus grands scientifiques ont œuvré avec une passion commune et dans un but unique : connaître et valoriser la nature pour mieux la préserver.

Georges Louis Leclerc de Buffon (1707-1788), Louis Jean-Marie d'Aubenton, dit Daubenton (1716-1800), Jean-Baptiste de Lamarck (1744-1829), Étienne Geoffroy Saint-Hilaire (1772-1844) ou encore Georges Cuvier (1769-1832) ont marqué l'histoire de la pensée scientifique. Ils ont aussi enrichi et étudié des collections venues des quatre coins du monde, ayant à cœur de transmettre leurs savoirs au public.

C'est toujours le cas aujourd'hui : les chercheurs traquent la connaissance pour faire avancer la science, les taxidermistes redonnent mouvement et expression aux spécimens collectés, les jardiniers poussent à la cohabitation de végétaux venus du monde entier. Cet engagement sans faille nous offre la possibilité d'admirer l'incroyable richesse du monde, nous montre que nous sommes une espèce parmi d'autres, nous alerte sur les menaces qui pèsent sur l'équilibre de la nature et dont nous sommes responsables.

Et l'Homme dans tout ça ?

Nous, pauvres humains, embarqués sur une planète aux ressources limitées, au climat changeant, enracinés dans un monde dont nous ne comprenons pas toutes les interactions, avons acquis le pouvoir d'agir à une échelle encore jamais atteinte, celle de l'ensemble des mers et des continents. Dans cette incertitude, nous devons penser, inventer et construire l'avenir de l'humanité. Vaste programme. Seules la connaissance de la nature et la pénétration de ses mécanismes peuvent nous éclairer sur les directions à suivre, et sur les erreurs à ne pas commettre.

Un livre pour rêver et comprendre

Cet ouvrage, qui mêle rigueur des informations scientifiques et fantaisie de la forme, en particulier des illustrations, est un tremplin vers un imaginaire nécessaire.

Il met en perspective les efforts des générations passées pour étudier et comprendre le monde qui nous entoure ; mais, à travers ses vingt histoires qui illustrent la fabuleuse quête des scientifiques engagés du Muséum, c'est à une réflexion sur le présent et le futur de notre planète qu'il invite, avec une prise de conscience indispensable.

AVIS DE GRAND FROID

Vous savez que Voltaire mène désormais grand train en son château de Ferney. J'ai eu l'honneur d'y être invité par l'entregent de Denis Diderot qui travaille d'arrache-pied à la rédaction de l'*Encyclopédie* et pour qui je prépare quelques articulets. Le prochain sera consacré au climat.

Par ***Antoine Laurent de Jussieu****, médecin*

Quand je rencontre le grand homme, esprit clairvoyant, ami des lettres et des sciences, je l'interroge sur l'énigme du temps qu'il fait ou qu'il ne fait pas, sur les aléas qui bouleversent la vie des paysans comme des citadins. Car, ces dernières années, nous avons connu des calamités de toutes sortes. La ronde des saisons serait-elle grippée ? Les dieux nous auraient-ils abandonnés en ces temps troublés ?

Pas le moins du monde, me dit-il. Au milieu du siècle, avant ma naissance, on racontait déjà que les glaciers des Alpes répandaient leurs langues gelées dans les vallées, engloutissant fermes et villages, que les hivers étaient froids et les étés pourris. Quand j'étais au collège Louis-le-Grand, chez les Jésuites, nous allions nous promener sur la Seine gelée et nous nous amusions de voir les marchands débiter le vin des tonneaux à coup de hache. Je me souviens même du vin qui gelait dans

François Marie Arouet, dit Voltaire (1694-1778).

les verres pendant le « Grand Hyver » de 1709 ! C'était une misère de voir les paysans les pieds dans la boue glacée, les récoltes brûlées par le gel, desséchées au soleil ou hachées par la grêle, les bateliers en panne sur des eaux englacées, les filatures bloquées par les moulins à eau rendus immobiles. C'est ainsi que la disette se répand, la misère gagne, la famine gronde, des révolutions se préparent.

Il a fallu réagir et l'adversité inspire. Le transport en traîneau s'est développé, on patine avec bonheur sur les canaux gelés. Le moulin à vent a remplacé le moulin à eau. Il paraît même qu'aux Pays-Bas on a inventé un bateau pour briser la glace afin d'entrer dans le port d'Amsterdam.

Mais tout cela contredit la légende du bon vieux temps de nos lointains aïeux, quand les hivers étaient doux et les étés ensoleillés, quand les récoltes étaient abondantes et que régnait la prospérité. Le climat serait-il donc à ce point variable ? ●

Volcan sous-marin.

DES VOLCANS, LE SOLEIL OU DES HOMMES ?

Plusieurs théories ont été avancées pour expliquer l'existence du Petit Âge glaciaire entre les XIVe et XIXe siècles. La première imagine une gigantesque éruption volcanique. Le Tambora et le Samalas (Indonésie), tous deux sur la ceinture de feu du Pacifique, sont sur les rangs. L'éjection d'aérosols riches en soufre dans l'atmosphère a contribué à diminuer l'efficacité du rayonnement solaire.

La deuxième rend le Soleil responsable d'une baisse d'activité tout à fait inhabituelle repérée par le nombre très faible de taches solaires, ou à la suite d'une variation du vent solaire, ou même par la panne de l'effet dynamo interne au Soleil qui crée le magnétisme de notre étoile.

La troisième rend l'humanité responsable. À la suite de la découverte du Nouveau Monde et des pandémies qui ont fait disparaître 90 % des populations indigènes, l'abandon des terres rendues à la nature a permis le développement de la végétation et retiré de l'atmosphère de très grandes quantités de CO_2, réduisant l'effet de serre naturel. Le refroidissement climatique en quelque sorte. ●

YIFAN WU

Ici la Terre

Aujourd'hui, j'ai rendez-vous avec le grand Georges Louis Leclerc, comte de Buffon. J'ai appris de mes collègues qu'ayant calculé l'âge de la Terre par différents moyens fort rationnels, il lui donne 75 000 ans. C'est totalement incroyable et cela contredit nos plus grandes certitudes bibliques !

Par ***Bernard Lacépède,*** *naturaliste*

Cher comte, la Bible donne 6 000 ans à la Terre. Comment osez-vous assurer qu'elle pourrait être beaucoup plus vieille ?

Par la simple observation de phénomènes naturels ! C'est une recherche que je mène depuis presque trente ans. Je me suis d'abord intéressé aux dépôts sédimentaires laissés par les glaciers lors de la fonte annuelle des neiges. On trouve ce type de dépôt sur des épaisseurs pouvant aller jusqu'à plusieurs centaines de mètres, alors que, chaque année, il s'en dépose bien moins d'un millimètre. Faites le calcul ! Si la Terre avait 6 000 ans, on devrait trouver des hauteurs de sédiments toujours bien inférieures à 6 mètres. Et par le simple examen de ces dépôts, j'arrive déjà à plus de 25 000 ans.

Avec une telle annonce, vous risquiez la condamnation !

Quand j'ai publié cette estimation, mes collègues de l'Académie m'ont rappelé les difficultés rencontrées par le grand Galilée (1564-1642) avec sa théorie de l'héliocentrisme. Les autorités religieuses accepteraient-elles un siècle et demi plus tard que la Terre soit beaucoup plus vieille que le racontent les textes sacrés ? Après cette annonce, j'ai été inquiété par quelques sorbonnards échauffés qui m'ont sommé de me dédire. Je me suis d'abord réfugié ici, dans ma retraite bourguignonne. Puis, pour calmer leur colère, j'ai fait acte de contrition, écrit quelques vagues lettres d'excuses en reprenant les mots de Montaigne (1533-1592) qui affirme que l'Homme marche « la tête haute levée vers le ciel ». Cela a dû suffire car ils m'ont oublié. Mais, pour renforcer mon argumentaire, j'ai tout de même décidé de tenter une autre expérience.

Vous piquez ma curiosité ! Peut-on savoir en quoi elle consiste ?

Mon point de départ est une observation faite par les mineurs : la température augmente lorsque l'on s'enfonce dans les galeries souterraines. J'en ai donc tiré la conclusion que la Terre originelle était une sphère de matière en fusion. Savez-vous que j'ai traduit Newton (1643-1727) ? J'ai donc utilisé sa théorie de la propagation de la chaleur et j'ai imaginé une expérience toute simple. Dans la forge du château, j'ai fait chauffer à blanc des boulets de fer de différents diamètres, puis j'ai mesuré la durée de leur refroidissement. À partir de ces données, j'ai extrapolé la durée de refroidissement d'une sphère de la taille de la Terre. Je dois vous avouer que je ne publierai jamais ce qui figure dans mes notes : d'après mes calculs, la Terre aurait plus de 10 millions d'années !

Je compte sur vous pour ne pas ébruiter ces confidences... ●

Droguier du roi du Jardin royal des plantes médicinales.

Scoop

La Terre a 4,54 milliards d'années !

Cet âge a été précisé en 2009 : l'analyse des minéraux alumino-calciques de la météorite d'Allende, tombée en 1969 dans l'État de Chihuahua (Mexique) et considérée comme la « pierre de Rosette » des cosmochimistes, a permis de trancher une querelle vieille de trois siècles. ●

Georges Louis Leclerc, comte de Buffon (1707-1788), ou la raison expérimentale

« C'est par des expériences fines, raisonnées et suivies que l'on force la nature à découvrir son secret ; toutes les autres méthodes n'ont jamais réussi... »

Du Jardin au Muséum

L'intendance du Jardin du roi par Buffon de 1739 à sa mort, correspond à une période faste dans l'histoire du Jardin des Plantes. Son action s'exerce en faveur de l'extension et de l'embellissement du Jardin, de la valorisation de l'enseignement et de l'enrichissement du Cabinet d'histoire naturelle. Il profite de toutes les occasions – achats, dons, retours d'expéditions – pour accroître ses collections devenues les plus importantes d'Europe. Ce cabinet du roi, ouvert au public tous les mardis et jeudis, remporte un vif succès. Les galeries du Muséum en sont issues. Du Jardin, Buffon fit un musée et un phare scientifique en Europe. ●

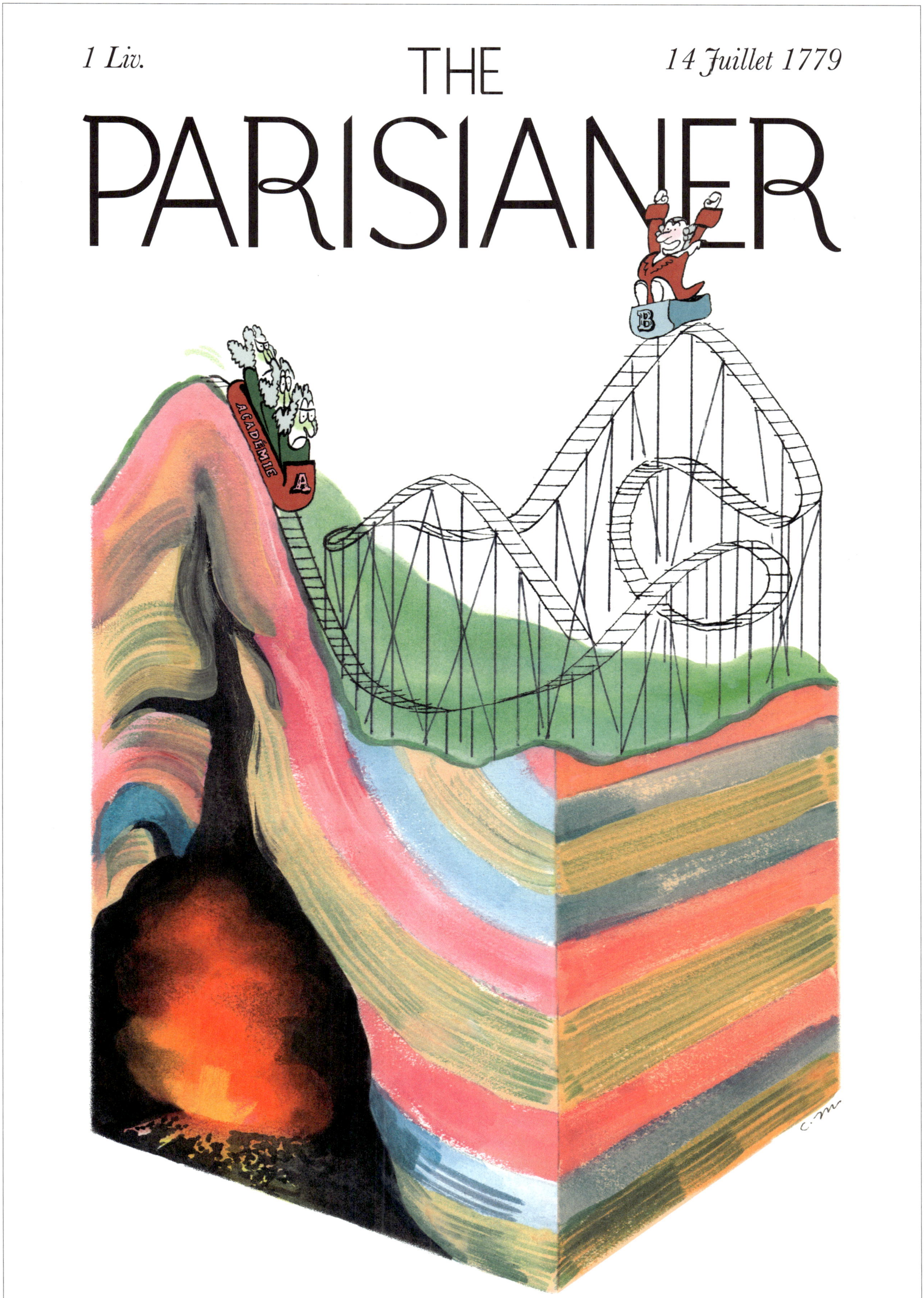

Catherine Meurisse

Sex in the garden

En hommage à Sébastien Vaillant (1669-1722), découvreur de la reproduction sexuée des plantes et de leur nécessaire pollinisation, et pour l'édification des jeunes générations, j'ai imaginé ce petit conte botanique...

Par ***Antoine François Fourcroy,*** *médecin, pédagogue*

Il était une fois un pistachier de toute beauté, bien planté au carré des Couches, actuel emplacement du Jardin alpin, par un certain Sébastien Vaillant, en 1700.

Ce botaniste du Jardin royal prit grand soin de cet arbuste dioïque – qui possède des pieds mâles et femelles différents – de la famille des Anacardiacées, apprécié pour la production de ses délicieux fruits croquants, les pistaches.

Pendant quinze ans, ce pistachier grandit en taille et en ramures, mais ne donnait jamais de fruits, ce qui étonnait le fin observateur qu'était Vaillant. Il fleurissait mais jamais ne fructifiait.

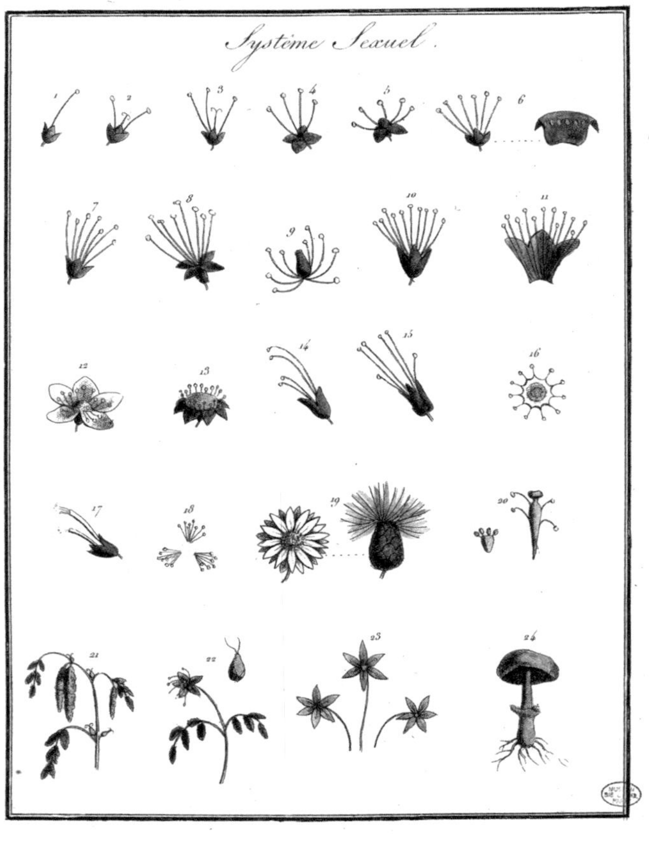

Cette situation stimula la réflexion du botaniste qui, prenant exemple sur les femmes et les hommes, imagina qu'il fallait l'intervention de deux plantes, l'une mâle, l'autre femelle, pour obtenir des fruits. Observant son pistachier (femelle) du Muséum, puis un pistachier (mâle) aux fleurs différentes mais qui habituellement fructifiait, planté dans le jardin des Apothicaires assez loin du premier, il identifia des structures florales qu'il compara aux organes sexuels humains. Les étamines ressemblaient au pénis et aux testicules, les ovaires aux organes féminins. Poursuivant son raisonnement et décidé à donner un rôle à son pistachier favori, il cueillit une branche du pistachier mâle en fleur, la rapporta et la secoua près de son pistachier également en fleur, en faisant voler le pollen. Et le miracle se produisit ! Cette année-là, le pistachier du Muséum produisit des pistaches. Vaillant attribua logiquement cette bonne nouvelle à son intervention pollinisatrice. Dans un discours remarqué en 1717, il put conclure que son hypothèse de fécondation d'ovaires de plantes femelles par le pollen de plantes mâles était validée. La sexualité végétale était démontrée.

Cette découverte, qui devait avoir des conséquences importantes aussi bien dans l'agriculture que dans la classification des végétaux, confirmait les travaux méthodiques menés par Rudolf Jakob Camerarius (1665-1721) en 1694. Elle mit cependant du temps à s'imposer, car le maître en la matière, le botaniste et professeur au Collège royal Joseph Pitton de Tournefort (1656-1708), était révulsé par cette idée de sexualité des plantes. Il était convaincu que le pollen, qu'on appelait aussi poussière, n'était qu'excréments rejetés par la plante. Pourtant et depuis, ce pistachier devenu célèbre accepte toujours les hommages polliniques des pistachiers mâles environnants et fructifie pour le plus grand plaisir de tous. ●

Joseph Pitton de Tournefort
Botaniste explorateur

Titulaire de la chaire de botanique au Jardin des Plantes, le naturaliste académicien mène une brillante carrière, partagée entre les voyages – notamment au Levant – et le Jardin. Il reconfigure les plates-bandes de l'École de botanique suivant son propre système de classification. Son œuvre marque une étape importante dans l'histoire de la botanique, quoiqu'il n'admette pas la sexualité des plantes ! Il lègue au roi son herbier de 6 000 spécimens, ses 3 000 coquilles et ses autres collections. ●

Le succès sexuel

La reproduction sexuée crée de la diversité génétique par combinaison des génomes des deux parents. À long terme, cette variabilité génétique de l'espèce permet de mieux répondre à la sélection naturelle (adaptation à des conditions changeantes, lutte plus efficace contre les parasites à fort taux de mutation, réparation plus facile des lésions ADN, etc.), même si le coût en est élevé (production d'organes spécialisés, visibilité accrue par les prédateurs, recherche de partenaires compatibles). ●

MARTIN JARRIE

PLUIE DE MÉTÉORITES

Le 10 floréal de l'an XI, Paul Legrand, maire de notre commune de L'Aigle, et l'abbé Letacq ont reçu l'astronome Jean-Baptiste Biot, envoyé par l'Institut, pour enquêter sur la chute de pierres qui a fort inquiété la population.

Compte rendu de ***Monsieur le Secrétaire de la mairie de L'Aigle***

Paul Legrand : Citoyen Biot, dans quel but venez-vous interroger les habitants de L'Aigle et d'alentours ?

Jean-Baptiste Biot : Citoyens, je suis mandaté par l'Institut pour enquêter sur cette chute de pierres fort surprenante pour des hommes sensés. Comme je l'ai fait dans les autres communes, je cherche à savoir si vos administrés et vous-même en avez été témoins.

Paul Legrand : Oui-da. Ici, l'on a vu un globe de feu traverser le ciel, suivi d'un grand bruit de tonnerre, puis on a entendu des sifflements semblables à ceux d'une pierre lancée par une fronde.

Abbé Letacq : Quant à moi, j'ai été voir une pierre dans la cour d'une ferme. Elle avait creusé un trou d'un pied de profondeur. Elle était encore brûlante, et la terre fumait alentour. C'était comme si le diable était sorti du sol ! Quelles mauvaises nouvelles ces pierres maléfiques annoncent-elles ?

Météorite de L'Aigle.

Jean-Baptiste Biot : Je ne partage pas votre crainte. Vos témoignages donnent crédit à toutes ces personnes que j'ai déjà rencontrées dans la région. Elles sont de professions, de mœurs, d'opinions très différentes, n'ayant que peu ou point de relations entre elles. Après réflexion, et comme tous les indices concordent pour attester de la chute de pierres, le même jour, à la même heure, au même instant, ce ne peut être qu'un événement naturel et non le fruit de l'imagination ou de forces surnaturelles !

Abbé Letacq : Mais des pierres qui tombent du ciel ! Comment est-ce possible, si ce n'est diablerie ?

Jean-Baptiste Biot : J'ai montré une pierre tombée du ciel, à Barbotan, dans le Gers, en 1790, à trois citoyens qui ont assisté à cet événement près d'ici : un laboureur plein de sens et de raison, un ecclésiastique respectable et un jeune militaire à l'abri des illusions de la peur. Tous trois l'ont reconnue aussitôt pour être semblable aux pierres brûlantes qu'ils ont ramassées. J'ai aussi enquêté dans les fonderies, les usines, les mines des environs. Rien dans leurs produits, ni dans leurs scories qui ait le moindre rapport avec ces substances. Et on ne voit dans le pays nulle trace de volcan. J'ai aussi constaté que les pierres se répartissent suivant une ellipse correspondant à la trajectoire du globe de feu observé. Citoyen abbé, il n'y a là nulle diablerie mais la surprenante rencontre entre un aérolithe extraterrestre et la terre de Normandie.

Dès mon retour, je vais confier au Muséum national d'histoire naturelle de Paris, pour conservation et étude approfondie, quelques échantillons de ces pierres en souvenir de cet événement exceptionnel. •

Bombardement cosmique

D'énormes rochers de plus de 50 m qui arrivent de l'espace à plus de 50 000 km/h, une traînée plus lumineuse que le Soleil, un grondement plus puissant que le tonnerre, une onde de choc capable de faucher des forêts entières, une pluie de blocs et de pierres brûlantes... Heureusement, un tel cataclysme n'arrive que tous les mille ans ! •

Météorites
La collection française

Les collections du Muséum recèlent plus de 1 500 météorites. Ces objets extraterrestres venus de la ceinture d'astéroïdes située entre Mars et Jupiter et, rarement, de la ceinture de Kuiper au-delà de Neptune ont été arrachés du sol d'autres corps célestes comme Mars ou la Lune. •

Météorite de Chassigny.

Emiliano Ponzi

Girafomania

Avec ma petite famille – les enfants le réclamaient à grands cris –, j'ai été voir l'incontestable attraction parisienne de cet été 1827, le très fameux « bel animal du roi », la girafe tout droit venue d'Égypte, offerte par le pacha Méhémet-Ali à notre roi Charles X.

Par ***Alexandre Autrand,*** *chroniqueur mondain*

Après avoir passé le péage du pont d'Austerlitz, nous arrivons en vue de la Rotonde de la Ménagerie, où la girafe a été installée. De loin, au-dessus de la foule qui grossit, on aperçoit sa drôle de petite tête cornue et mouchetée.

L'excitation monte au fur et à mesure que l'on s'approche. Cette curieuse bête venue d'Afrique fait sensation. Depuis plus d'un mois qu'elle est en route – 880 km à pattes ! – pour rejoindre Paris depuis Marseille, où elle est arrivée après un périple incroyable (le Soudan, l'Égypte, la traversée méditerranéenne en bateau), sa popularité n'a fait que croître, relayée par les gazettes et par un public massé au bord des routes qui, enthousiaste, guette son passage. Il faut dire que le spectacle est étonnant ! On n'avait jamais vu une telle expédition. Une cohorte menée par deux gendarmes à cheval qui font se ranger diligences, voitures et chariots, suivis par trois autres gendarmes qui précèdent les vaches qui nourriront de leur lait la girafe. Vient ensuite le professeur de zoologie du Muséum, Étienne Geoffroy Saint-Hilaire, venu spécialement à Marseille pour veiller sur ce cadeau royal. Et, enfin, la girafe elle-même, joliment couverte d'un imperméable de toile gommée, boutonné sur le devant, portant, d'un côté, les lys de France et, de l'autre, les armoiries du vice-roi d'Égypte. Elle est escortée de six serviteurs. Un chariot à bagages ferme la marche, dans lequel Geoffroy Saint-Hilaire peut se reposer de temps à autre.

La présentation de ce présent exceptionnel au roi et à la famille royale a lancé les festivités. Car c'est une véritable *girafomania* qui s'est emparée de toute la population ! Des vendeurs à la sauvette proposent déjà de la vaisselle peinte, des jouets et des vêtements, tous nommés « à la girafe ». On entend même dans la foule des poèmes déclamés avec exaltation en son honneur !

Quel spectacle ! On crie des « Oh ! » et des « Ah ! » devant ce drôle d'animal dressé sur des pattes en forme d'échasses et doté de ce cou interminable. Est-ce un hybride de chameau et de panthère ? On s'interroge.

En tout cas, cette visite restera dans les annales aussi bien familiales que nationales et nous retournerons, c'est certain, la revoir une fois qu'elle sera bien installée. ●

Girafe réticulée (Giraffa reticulata).

Une fille de La Rochelle

La girafe reste dix-sept ans l'attraction de la Ménagerie du Muséum national d'histoire naturelle. À sa mort, en 1845, elle est naturalisée. Aujourd'hui, elle coulerait des jours heureux sur le palier du grand escalier du muséum de La Rochelle. ●

De nos jours

C'est Adeline la star de l'enclos des girafes du Parc zoologique de Paris. Avec ses colocataires, Benny, Djouba et leurs onze autres congénères, elle renouvelle l'intérêt porté à la girafe, qui reste une icône du zoo. ●

Virginie Morgand

AFFAIRE DE FAMILLE

Ma mission du jour ? Partir à la rencontre des espèces disparues du genre *Homo*. L'espèce *Homo sapiens*, à laquelle nous appartenons, est la dernière représentante du genre. Elle a survécu à toutes les autres. Autant dire qu'il me faudra un peu plus que des fragments d'os desséchés pour reconstituer la grande famille humaine.

Par ***Valérie-Anne d'Armoric****, exploratrice inconsciente*

J'ai fait appel à mon ami Franz Baquée, grand spécialiste de l'hypnose et élève du grand Sigmund Freud, pour faire connaissance avec le reste de la famille *Homo*. Dans son confortable cabinet, il m'invite à plonger au cœur de l'âme humaine, la mienne, mais aussi de celles de tous ceux qui m'ont précédée. Décontraction, abandon, trou noir, pénombre aurorale, ombres spectrales... Je suis propulsée dans l'arche cosmique qui recueille les âmes des espèces terrestres disparues.

Le long d'un grand couloir ectoplasmique, je croise des indications que je ressens plus que je ne déchiffre et qui me rappellent mes cours de biologie : Gymnospermes... Angiospermes... Basidiomycètes... Chordés... Cnidaires... Plathelminthes... Tardigrades...

En suivant la piste des Chordés, et en me perdant dans les méandres du passé, je tombe enfin sur la section des Homininés. Ouf, j'y suis ! Je bifurque et me retrouve devant une assemblée de bipèdes en plein débat. Au centre, un homme tout en muscles mais bien proportionné – 1,65 m pour 55 kg –, que je reconnais comme *Homo erectus*, l'ancêtre disparu qui vivait il y a un million d'années. Il est flanqué de deux compères minuscules, que j'identifie comme *Homo floresiensis* et *Homo luzonensis*, venus des îles, 1,10 m et 35 kg tout mouillés, nos contemporains d'il y a 50 000 ans. J'aperçois, accroupi dans un coin, maussade, *Homo naledi*, qui croisait peut-être nos premiers ancêtres il y a 250 000 ans. Les yeux dans le vague, il se désintéresse de la scène.

Crâne de Cro-Magnon I dit « le Vieillard ».

Le grand costaud qui leur fait face, l'air fort peu amène, ne peut être que *Homo neanderthalensis*, trahi par sa grosse tête et sa forte musculature, avec ses 90 kg pour 1,65 m, le dernier que nous ayons côtoyé. Blottie dans ses bras musclés, une petite *Denisova* roule des yeux, effrayée. Ses deux mains protègent son ventre rebondi.

Homo erectus, interrompu par mon intrusion, reprend son discours en pointant du doigt le couple improbable : « Nous sommes réunis ici en famille pour nous opposer à cette union. Vous êtes la honte de vos espèces respectives. Je vous rappelle que vous étiez l'un et l'autre promis à des partis fort respectables. »

Floresiensis et *Luzonensis* acquiescent bruyamment. *Naledi* s'en moque. Venus du coin le plus sombre, des sanglots s'élèvent. Une imposante *Neanderthalensis* et un petit *Denisova* hoquettent à l'unisson, désespérés. Les deux tourtereaux n'en ont cure. Ils se font les yeux doux, tout à leur avenir qu'ils espèrent radieux, en s'écriant d'une même voix : « Mais on s'aime ! »

Je ne peux assister à la fin de cette réunion de famille, car je me sens brutalement tirée en arrière. Je tombe dans un abîme de noirceur et me réveille, un peu sonnée, dans le fauteuil de mon ami Franz que je n'ai pas quitté un instant. À ce rythme, mon enquête sera longue. ●

Arbre des lignées humaines.

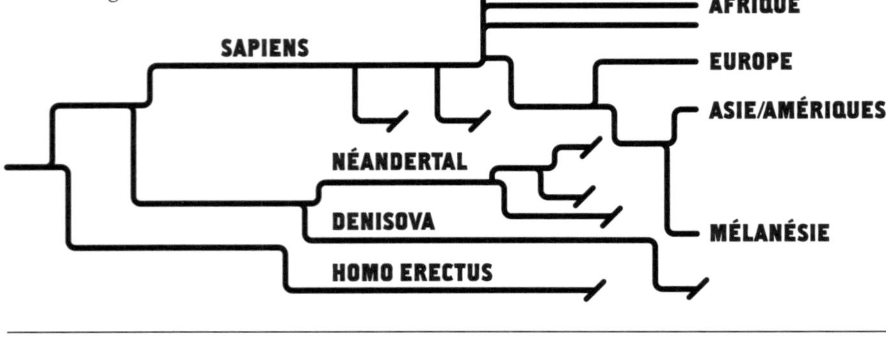

MÉTISSAGES PRÉHISTORIQUES

La grotte de Denisova, située dans l'Altaï, en Sibérie, a fourni, en 2010, un surprenant témoignage : la preuve que *Néandertal* et *Denisova* ont eu une descendance, grâce à l'analyse génétique d'un minuscule fragment de phalange. Aujourd'hui, Européens et Asiatiques possèdent environ 2 % de l'ADN de l'homme de Néandertal. Les Mélanésiens modernes, quant à eux, ont 4 à 6 % des gènes de l'homme de Denisova. ●

MICHAEL PRIGENT

Un diplodocus au Muséum

Dans la galerie de Paléontologie du Muséum, c'est l'effervescence. Un dîner d'inspiration paléontologique – à base de « soles oligocènes » et de « selle d'entélodonte » notamment – se prépare. Ce soir, on inaugure Dippy, un moulage de diplodocus offert par le millionnaire américain Andrew Carnegie au président de la République française.

Par ***Adèle Blancasse,*** *journaliste*

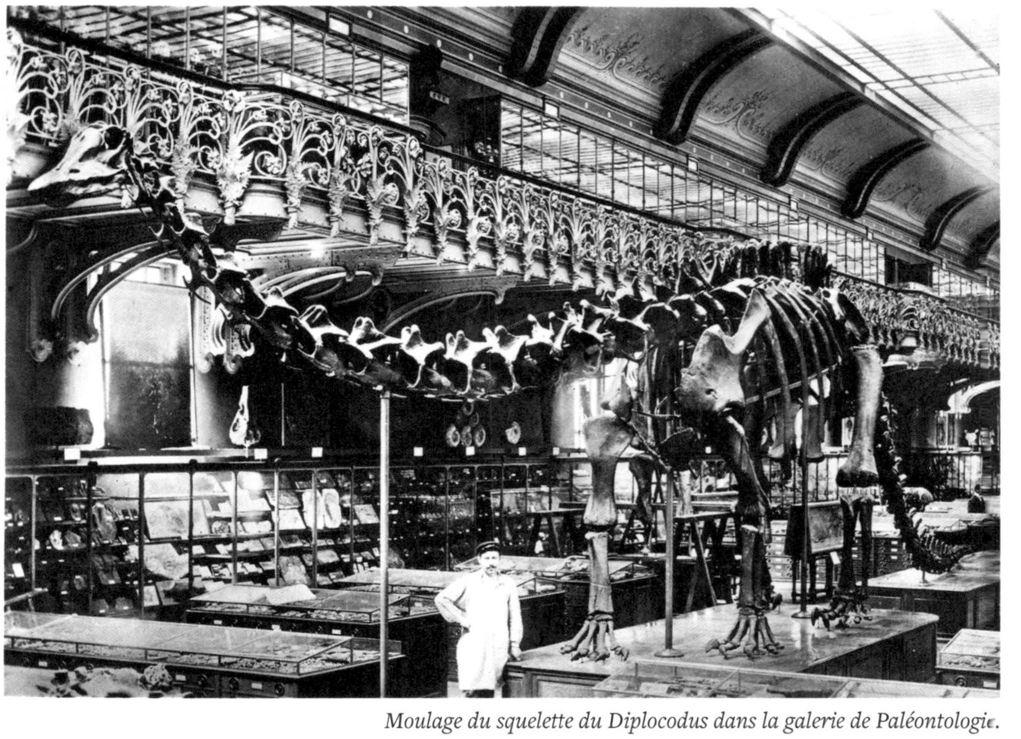

Moulage du squelette du Diplocodus dans la galerie de Paléontologie.

À **quelques minutes** du début de la cérémonie officielle, le président de la République, Armand Fallières, se présente à l'entrée du Muséum national d'histoire naturelle. Il est accompagné du président du Conseil, Georges Clemenceau, et de nombreuses personnalités politiques et scientifiques qui se pressent pour découvrir le remarquable spécimen de *Diplodocus carnegii*. M. Edmond Perrier, directeur du Muséum, entouré de tout le personnel de l'établissement, les conduit dans la galerie de Paléontologie. Dippy, l'imperturbable sauropode de 27 m de long et 4 m de haut, tout en os, regarde la délégation s'avancer sans broncher.

Après quelques secondes d'un silence émerveillé, il est temps pour Edmond Perrier de présenter au président de la République l'éminent paléontologue américain, M. William Jacob Holland, qui a découvert, avec son équipe, le fossile dans les montagnes Rocheuses, le 4 juillet 1899. C'est aussi à lui que l'on doit le montage des 324 os du moulage, arrivés par bateau deux mois plus tôt dans pas moins de trente-quatre caisses.

Le *Diplodocus carnegii* ici présenté est en réalité composite, reconstitué par l'association de parties de squelettes appartenant à plusieurs individus. Comprenant tout l'intérêt pour la science de posséder des reproductions exactes de ce spécimen unique, le riche Américain Andrew Carnegie en a fait faire un moulage parfait afin d'obtenir plusieurs tirages de squelettes identiques qu'il offre aux muséums à travers le monde. C'est le muséum de Londres qui en a eu la primeur, sous les vivats de la foule.

Mais revenons à notre soirée. M. Holland prend la parole pour offrir officiellement, au nom de M. Carnegie et de l'amitié américaine, ce monument scientifique. Il insiste notamment sur l'idée que, dans ce don au Muséum, il faut voir un témoignage nouveau des sentiments affectueux d'une République sœur pour la République française. Et de conclure : « Les relations scientifiques font plus que les cuirassés et les canons pour la paix des peuples. » Quoi qu'il en soit, les diplodocus en font beaucoup pour les peuples puisque, aujourd'hui, les musées de Berlin, Vienne, Bologne, Saint-Pétersbourg, La Plata, Madrid et Mexico possèdent eux aussi leur propre moulage de Dippy, pour le plus grand bonheur des visiteurs. ●

Chercheurs d'os

Edward Drinker Cope (1840-1897).

Entre 1870 et 1897, au sortir de la guerre de Sécession, et alors que les guerres indiennes font toujours rage, les équipes de deux scientifiques américains, Edward Drinker Cope et Othniel Charles Marsh, recherchent des fossiles en tous genres. Ils écument la formation géologique du Jurassique supérieur qui recouvre l'Ouest américain, du Montana à l'Arizona et de l'Utah au Colorado. Ils décrivent près de 140 dinosaures. Mais la rivalité entre les deux hommes est telle que Cope ira jusqu'à offrir son crâne à la science pour qu'on puisse, après sa mort, comparer la taille de son cerveau avec celui de Marsh ! Les deux hommes sortiront ruinés de leur fratricide confrontation. ●

Othniel Charles Marsh (1831-1899).

François Maumont

LE MUSÉE FAIT DE LA RÉSISTANCE

Rapport secret envoyé à Jean Moulin à la suite de l'enquête menée sur le réseau du musée de l'Homme.

Par ***Suzanne X, dite Lafleur,*** *résistante*

OBJECTIF

Connaître les actions en cours et les modalités d'extension du réseau à tout le pays.

CONTACT

J'ai d'abord pris attache dès novembre 1940 avec Maurice, ethnologue au musée de l'Homme et cheville ouvrière du réseau.

HISTORIQUE DU RÉSEAU

Paul Rivet, le directeur du musée de l'Homme, a déjà fait parler de lui en juin 1940, lors de l'entrée des troupes allemandes dans Paris, en affichant sur les portes de son musée le fameux poème de Rudyard Kipling (1865-1936), « If », puis en adressant une lettre ouverte au maréchal Pétain, dans laquelle il osait : « Monsieur le Maréchal, le pays n'est pas avec vous, la France n'est plus avec vous. »

ACTIONS CONNUES DU RÉSEAU

Au sein du musée de l'Homme, le positionnement des ethnologues et anthropologues est sans ambiguïté. Très attachés à la notion de droits de l'Homme, ils ont forgé, depuis 1938, un instrument d'éducation populaire au service d'une histoire totale de l'humanité, à l'aide de collections préhistoriques traitant de l'évolution biologique de l'Homme, de collections anthropologiques refusant la hiérarchisation biologique des « races » et de productions ethnographiques des peuples du monde. Ils ont même fondé la revue *Races et racisme* qui, entre 1937 et 1939, luttait contre l'antisémitisme et le fascisme et s'opposait à la théorie de la supériorité d'une prétendue race aryenne. Du solide.

Opposés aux théories nazies, indignés de « voir épurer les bibliothèques de documentation » et de constater que « tant de siècles après l'Inquisition, il était aussi facile de brûler les lecteurs que les livres », ils s'engagent très tôt avec un réseau d'amis intellectuels contre l'occupant.

Paul Rivet (1876-1958).
Anatole Lewitsky (1901-1942).
Yvonne Oddon (1902-1982).
Boris Vildé (1908-1942).

PASSAGE À LA CLANDESTINITÉ

Ils créent un groupe qu'ils appellent « Comité national de salut public », puis publient un journal, *Résistance*, ronéoté au musée par la femme de Maurice, devenue la cheville ouvrière du réseau grâce à des contacts noués pendant ses années d'études aux États-Unis avec des membres de l'ambassade américaine à Paris.

Pour ne pas attirer l'attention des Allemands et des services de police français lors de leurs réunions, ils se sont constitués en une société littéraire, Les Amis d'Alain-Fournier.

Mais le réseau du musée de l'Homme n'est pas une structure clandestine organisée de type militaire. C'est une sorte de nébuleuse où chacun intervient selon ses possibilités. Maurice et son ami Chazelle sont très actifs et y consacrent tout leur temps. Ils tentent de se coordonner avec d'autres réseaux et d'établir un contact avec l'Angleterre. D'autres n'ont que des activités occasionnelles et conservent un travail hors de tout soupçon. Mais leur arrestation sur dénonciation au début de l'année 1941 par un agent infiltré décapite le réseau qui disparaît. ●

DERNIÈRES NOUVELLES

Dénoncés par des employés du Muséum, Boris Vildé, dit Maurice, et Anatole Lewitsky, dit Chazelle, ont été fusillés au Mont-Valérien le 23 février 1942. Yvonne Oddon, épouse d'Anatole Lewitsky, a vu sa condamnation à mort commuée en déportation. Le directeur du musée de l'Homme, Paul Rivet, a réussi à fuir en zone libre, puis en Colombie. ●

Albert Gaveau (1901-1990), agent de la Gestapo infiltré dans le réseau du musée de l'Homme qu'il a dénoncé, s'est réfugié en Allemagne à la Libération. Il a été jugé par la cour de justice de la Seine le 5 novembre 1949, condamné pour intelligence avec l'ennemi aux travaux forcés à perpétuité et écroué à la maison centrale de Clairvaux, le 23 novembre 1949. ●

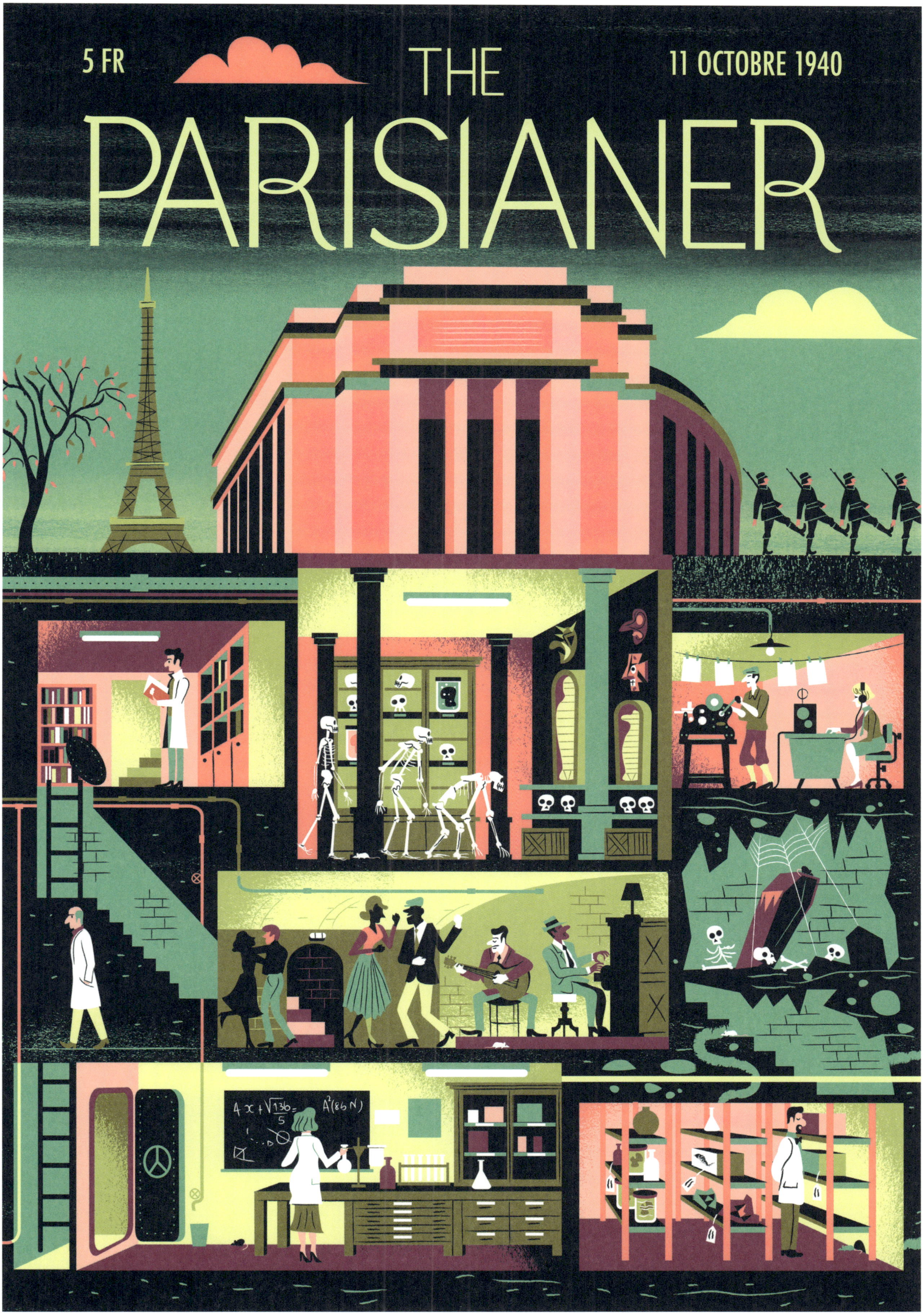

ALEXANDRE CLÉRISSE

NOTRE ANCÊTRE

Le vivant s'épanouit aujourd'hui sous des formes très variées. Pour en arriver là, nos ancêtres ont évolué en suivant des trajectoires distinctes depuis un aïeul commun. En remontant vers le passé, le dernier ancêtre commun que nous sommes capables de reconstituer est LUCA (*Last Universal Common Ancestor*), souche commune à tout ce qui est vivant sur terre ! Grâce à un bref et vigoureux saut temporel, je l'ai rencontré.

Par ***Valérian Dumaine,*** *voyageur imprudent**

Voyageur imprudent : Vous n'êtes pas toute jeune comme cellule, vous, si ?
LUCA : Même si je n'existe plus, j'ai tout de même connu mon heure de gloire ! Je vous l'accorde, c'était il y a bien longtemps, entre – 3,8 et – 3,5 milliards d'années. Ça fait un bail ! Mais j'ai réalisé l'exploit de donner naissance aux trois représentants des domaines du vivant qui ont prospéré et que vous connaissez aujourd'hui : les bactéries, les archées extrémophiles ou commensales de nos intestins et, enfin, les eucaryotes dont vous autres, humains, avec les animaux, les plantes, les champignons et les algues, faites partie. Trois descendances qui n'ont pas de point commun entre elles, si ce n'est moi.

Voyageur imprudent : Intéressante votre histoire, papy, mais je n'ai pas fait tout ce chemin pour me satisfaire de cette réponse évasive. Des détails !
LUCA : J'ai mieux, fiston : je suis une chimère ! Je suis tout à la fois un peu bactérie, un peu archée, un peu eucaryote. Impensable, mais vrai ! Je réunis à moi seul toutes les caractéristiques du vivant de ton époque. Je suis l'ancêtre universel !

Voyageur imprudent : Mais comment pouvez-vous l'affirmer avec certitude ?
LUCA : C'est à la fois très simple et très compliqué, comme toutes les affaires de famille. Tout s'est passé par le biais du génome, ce matériel biologique qui fait de nous ce que nous sommes. Si les cellules existent aujourd'hui comme vous les connaissez, c'est parce que je vous ai légué certaines caractéristiques des archées, comme cette façon de gérer et transmettre l'information génétique, ou bien de replier les protéines en trois dimensions. Mais je vous ai aussi légué des caractéristiques d'eubactéries, comme ces protéines qui régulent aujourd'hui votre métabolisme.
Tu vois, toi aussi, tu es une chimère, enfin, un tout petit peu.

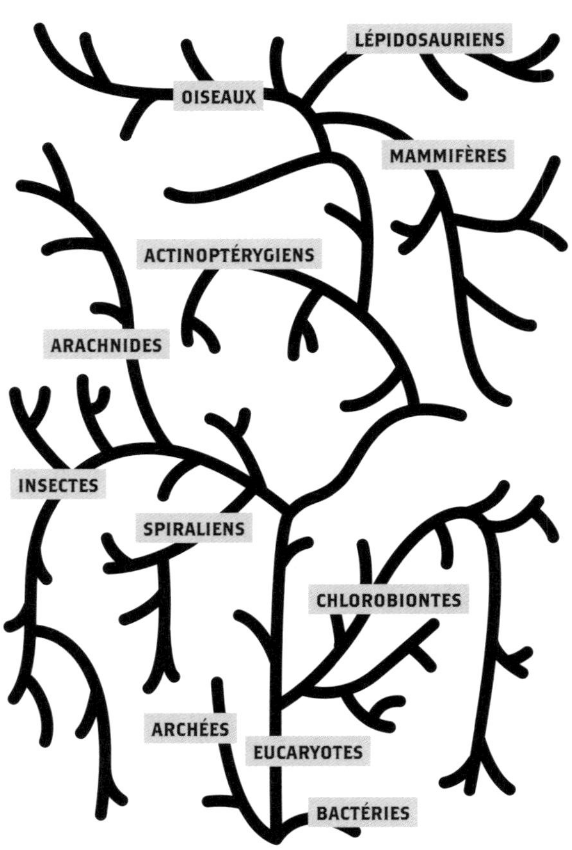

Arbre phylogénétique du vivant.

Voyageur imprudent : Mais si vous êtes le premier des vivants, qui sont vos parents à vous ?
LUCA : C'est une bonne question que tu poses là, gamin ! Malheureusement, je ne puis y répondre. Livré à moi-même très jeune dans la soupe tiède qu'était mon environnement, je n'ai pas de souvenir de ma naissance, encore moins de mes hypothétiques parents. Cette question me réveille encore la nuit : suis-je ou non la source de toute vie ?

Voyageur imprudent : Un doute affreux me saisit : si je vous tue, toute vie disparaît, moi compris, puisque je suis vivant. Mais si je disparais, je n'ai donc jamais pu vous rencontrer et encore moins vous tuer ! Qu'à cela ne tienne, il me faut aller au bout de cet infernal paradoxe... •

* *Référence au roman de René Barjavel (1911-1985),* Le Voyageur imprudent *(Paris, Denoël, 1944), qui traite du voyage dans le temps et des paradoxes temporels.*

Arbre phylogénétique du vivant

En dépit de grandes différences morphologiques et de modes de vie, tous les êtres vivants actuels sont cousins à des degrés divers. Ils ont une origine évolutive commune, c'est-à-dire qu'ils descendent tous d'un ancêtre commun, un portrait-robot de la première cellule vivante baptisée LUCA. Ils se répartissent aujourd'hui en trois grands groupes, aussi appelés domaines : bactéries, archées et eucaryotes. •

Clémence Pollet

L'abominable crabe des abysses

Le crabe-yéti, vous connaissez ? Ce premier membre d'une nouvelle famille de crustacés, proche des galathées, a été découvert sur les sites hydrothermaux jusqu'alors inexplorés de la dorsale du Pacifique oriental. Retour sur une mission océanographique internationale qui enchante la biologiste que je suis.

Par ***Liv Murat,*** *biologiste marine*

Tout commence à bord du sous-marin américain *Alvin* alors qu'il navigue vers un site hydrothermal profond du Pacifique, au large de l'île de Pâques, lors d'une mission organisée par l'Institut de Monterey Bay (MBARI, Californie). Dans cette quête qui mobilise plus de 2 000 scientifiques, Français et Américains cherchent à comparer la faune de plusieurs sources hydrothermales du nord et du sud de la dorsale océanique.

Merveille de haute technologie ballotée par les vagues, le minuscule sous-marin s'enfonce lentement dans les profondeurs. Après plusieurs heures de descente, l'arrivée brutale au fond, à la lumière blafarde des projecteurs, rappelle une exploration lunaire. Brusquement, des fumeurs noirs apparaissent au milieu de ce désert aride. Dans ces cheminées circule de l'eau de mer en contact avec la lave du plancher océanique, là où les plaques tectoniques s'écartent de quelques centimètres par an. Ces structures minérales grouillent de vie : bactéries, vers, crabes, crevettes. Soudain, un étrange

Galathée yéti (Kiwa hirsuta).

spécimen se montre. Il ne ressemble à rien de connu. Décision est prise de le prélever : mon collègue Michel, de l'Ifremer (Institut français de recherche pour l'exploitation de la mer), en informe le pilote de l'*Alvin*. L'échantillonneur du sous-marin est déployé avec précaution, l'animal délicatement placé dans l'enceinte pressurisée.

Après huit heures de plongée, le sous-marin refait surface. À bord du bateau *Atlantis*, c'est le moment du bilan pour les biologistes. Ce petit crabe curieux, inconnu au bataillon, devient la vedette du jour.

Il faudra attendre quelques mois pour que, dans le calme d'un laboratoire, toute la lumière soit faite sur cet étrange habitant des abysses. Baptisé *Kiwa hirsuta*, mais surnommé affectueusement crabe-yéti, ce cousin des galathées présente des caractères surprenants. À la place des yeux, il possède seulement un vestige de membrane. De longues soies recouvrent les appendices portant les pinces qui, scrutées au microscope électronique, révèlent accueillir de nombreuses bactéries filamenteuses. Dans ce milieu hostile, obscur et brûlant, la collaboration avec ces bactéries lui serait indispensable pour se nourrir.

Désormais, il a rejoint les collections du Muséum national d'histoire naturelle de Paris en tant que spécimen type à la disposition des scientifiques. Un de plus parmi les quelque 65 millions de lots ou spécimens préservés au Muséum. Dire qu'on estime à peut-être encore 10 millions le nombre d'espèces restant à décrire... Une tâche définitivement abyssale ! •

PHILIPPE MIGNON

Carnet rose

C'est un jour un peu spécial : un faon est né dans la réserve zoologique de la Haute-Touche, dans l'Indre. Fait banal, me direz-vous. Sauf qu'il s'agit d'un faon de l'espèce sika du Japon et qu'il est né d'une biche de l'espèce élaphe. Ce qui fait de cet heureux événement une première mondiale et une bonne nouvelle pour les espèces menacées.

Par **Agnès Bercé,** *vétérinaire*

Dans la réserve zoologique de la Haute-Touche, site du Muséum national d'histoire naturelle, on mène des recherches scientifiques pour favoriser la reproduction des espèces menacées, les cervidés notamment. À l'Institut national de la recherche agronomique (Inra), on maîtrise la procréation médicalement assistée chez les animaux d'élevage. C'est en combinant ces deux expertises que les scientifiques sont parvenus à faire du transfert embryonnaire entre deux espèces différentes une réalité.

Le parcours de l'embryon

Pour parvenir à ce petit miracle, le travail a été de longue haleine. Les chercheurs ont d'abord dû étudier la viabilité des embryons élaphes quand ils étaient produits *in vitro*, puis celle du transfert sur une mère porteuse de la même espèce. Dès 2004, les premiers faons conçus dans ces conditions venaient au monde. Mais rien n'assurait le succès du même procédé utilisé avec des embryons d'une espèce pourtant proche, le sika du Japon (*Cervus nippon nippon*). Pour le vérifier, les chercheurs ont d'abord dû produire les embryons sika du Japon à transférer ultérieurement. Des ovocytes ont donc été collectés sur des biches sika du Japon, puis fécondés avec de la semence d'un mâle de la même espèce provenant d'une banque de sperme. Les embryons ont ensuite été congelés, dégelés et transférés sur une biche élaphe. Après moult incertitudes, plusieurs tentatives et déceptions pour les scientifiques, un premier faon sika du Japon porté par une femelle élaphe vint finalement au monde en bonne santé.

Faon de cerf sika pseudaxis (Cervus nippon pseudaxis).

Quid des espèces menacées ?

Le petit faon et sa mère sont tous deux d'espèces communes. Avant de tester la technique sur des espèces rares et menacées, il convient d'affiner les modalités de prélèvement des ovocytes, qui comportent des risques pour l'animal. Mais ce succès nous démontre qu'il est possible d'utiliser des mères porteuses d'espèces proches pour recevoir les embryons produits *in vitro* et augmenter ainsi le nombre de descendants à partir d'effectifs limités de géniteurs. Dès lors, les idées ne manquent pas pour aider à la préservation de cerfs rares comme le cerf du Vietnam, le cerf de Mandchourie, le cerf de Formose ou encore le cerf d'Eld du Siam. Le cerf du Vietnam, par exemple, est à la fois menacé et très proche du cerf sika du Japon... Au-delà de la nécessaire conservation des espèces dans leur milieu, ces techniques pourraient aussi garantir leur préservation sur le long terme. ●

La réserve de la Haute-Touche : un incroyable destin

436 hectares pour plus de 1 300 animaux de 120 espèces : la réserve zoologique de la Haute-Touche est le plus vaste parc animalier de France. À l'origine, le domaine est une dépendance du château d'Azay-le-Ferron, érigé au XVe siècle. En 1958, ce dernier est légué à la ville de Tours et le parc au Muséum. Devenue une réserve et un centre de reproduction pour les animaux du Parc zoologique de Paris et de la Ménagerie du Jardin des Plantes, la réserve bénéficie du statut de laboratoire de recherche. Elle abrite ainsi le cerf du père David, originaire de Chine, disparu du milieu naturel et réintroduit dans son milieu d'origine grâce à l'élevage en captivité. ●

Roxane Lumeret

Une 6e crise ?

Aujourd'hui, deux clans d'éminents scientifiques se déchirent au Muséum. La pomme de discorde ? La naissance d'une nouvelle ère, l'Anthropocène, que signerait la présence de l'Homme sur terre. Passionnée par les grands débats scientifiques du XXIe siècle, je suis allée rencontrer géologues, biologistes et anthropologues. Voici ce que j'en ai compris.

Par ***Hélène Pichon,*** *journaliste stagiaire*

La controverse peut paraître un peu casuistique, mais pour les scientifiques de tous bords, pour bien penser, il faut d'abord appeler les choses par leur nom.

Sur le constat de la place de l'espèce humaine sur terre, le consensus est aisé. Les 7,5 milliards d'humains ont anthropisé la moitié des terres émergées, les réserves d'eaux sont menacées, la moitié des mammifères a disparu en l'espace de quarante ans, la température mondiale a augmenté de 0,85 °C depuis un siècle, les émissions de gaz à effet de serre ne chutent pas... Bref, que l'Homme soit devenu pour son propre environnement une espèce nuisible n'est un secret pour personne.

C'est sur la conclusion que les avis divergent : peut-on, oui ou non, comme le proposent les géochimistes Paul Josef Crutzen (1933-) et Eugene Stoermer (1934-2012), parler d'Anthropocène comme d'une nouvelle époque qui s'ouvrirait devant nous ?

Les géologues sont formels : il faudrait d'abord trouver, dans la stratigraphie des roches ou des glaces de la planète, des traces indubitables et irréversibles de l'impact des activités humaines. Or nulle trace n'existe encore pour inscrire notre époque dans les archives géologiques. Par ailleurs, on manque un peu de recul pour décréter la naissance d'une nouvelle ère.

Mais les biologistes et les anthropologues ont une tout autre lecture du phénomène : l'humain a incontestablement acquis le pouvoir immense de modifier brusquement, profondément et durablement les paramètres biologiques et physiques de la planète qui l'accueille. Dès lors, l'Anthropocène coule de source.

Au cœur de ce débat épineux : la date de début de cette ère supposée. Serait-ce à la naissance de l'agriculture, il y a 8 000 ans ? Au XVIIe siècle, lorsque l'augmentation du CO_2 atmosphérique devient perceptible ? En 1784, à la suite de l'invention de la machine à vapeur ? Dans les années 1960, avec les retombées radioactives des bombes atomiques ? Les dates ne manquent pas pour signer l'influence de l'Homme sur la planète. Pourtant, nul consensus en vue.

Mais la convergence de l'histoire de la planète avec celle de l'espèce humaine n'est-elle pas, plus profondément, celle d'une prise de conscience commune du pillage des ressources par une humanité avide qui pourrait conduire à une sixième extinction de masse, humanité comprise ? Pourquoi, alors, ne pas plutôt parler d'une nouvelle époque de l'histoire de l'humanité, à l'instar du Moyen Âge ou de la Renaissance ?

Pour éviter cette issue fatale, va-t-on imaginer un surcroît de « progrès » technique (géo-ingénierie, dépollution des eaux, sauvegarde de la biodiversité, énergie décarbonée) ? Ou la nouvelle ère débouchera-t-elle sur une réduction de l'empreinte humaine, concrétisée par la décroissance, la dénatalité, la simplicité volontaire, le renoncement aux hautes énergies ?

La boîte à idées est ouverte... •

C'est dans l'ère

Pour s'y retrouver dans la longue histoire de la Terre, les géologues ont inventé, au XIXe et au début du XXe siècle, une division du temps en périodes, séparées par de grands moments de bouleversements et d'extinctions de masse bien datés.

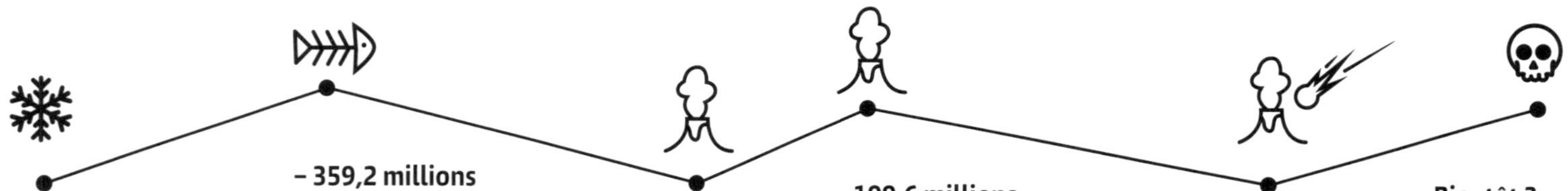

– 443,7 millions d'années. Crise de l'Ordovicien-Silurien
Disparition de 60 à 70 % des espèces à la suite d'une période glaciaire courte et intense.

– 359,2 millions d'années. Crise du Dévonien
Disparition de 75 % des espèces du fait de l'épuisement de l'oxygène dans les océans.

– 251 millions d'années. Crise du Permien-Trias
Disparition de 95 % des espèces due à une forte activité volcanique sibérienne.

– 199,6 millions d'années. Crise du Trias-Jurassique
Disparition de 70 à 80 % des espèces à la suite du volcanisme atlantique.

– 65,5 millions d'années. Crise du Crétacé-Paléogène
Disparition de 75 % des espèces due principalement au volcanisme indien, puis à la chute d'un astéroïde.

Bientôt ? Sixième crise
Disparition de millions d'espèces en raison des activités humaines.

Clément Vuillier

CAP SUR LE 7e CONTINENT

Les plastiques sont produits à raison de 350 millions de tonnes par an. Et, forcément, ils se retrouvent dans les rivières, les fleuves et, enfin, l'Océan. Et là, que deviennent-ils ? Ils s'accumulent… Notre envoyée spéciale a embarqué sur le *Guyavoile* à destination du continent de plastique du Pacifique Nord.

Par ***Perrine Faverais,*** *envoyée spéciale*

16 JUIN 2013

Cela fait deux semaines que j'ai embarqué à bord du *Guyavoile*, le catamaran de l'association « Expédition 7e continent ». Notre destination : le gyre subtropical du Pacifique Nord. Dans ce vortex vertigineux formé de courants marins – dont la surface équivaut à six fois celle de la France –, on suspecte que les déchets déversés dans l'Océan se retrouvent piégés et s'accumulent. Notre expédition a pour mission d'apprécier l'étendue de ce « continent » de plastique et de faire les prélèvements nécessaires à son étude en laboratoire.

17 JUIN 2013

Nous sommes à près de 1 700 km des côtes californiennes. Selon P. Bertrand, le chercheur du Muséum national d'histoire naturelle qui a bien voulu de moi dans son équipe d'explorateurs, nous touchons au but. Aux portes du gyre, il est temps de procéder aux premiers prélèvements, qui nous serviront d'échantillons témoins. Résultat : quelques bouées à la dérive, des morceaux de polystyrène, une chaussure et une faible concentration de particules de plastiques. D'après P. Bertrand, nous n'avons encore rien vu.

Tortue caouanne (Caretta caretta) *s'apprêtant à manger un sac en plastique.*

18 JUIN 2013

C'est effrayant. Nous sommes désormais en plein cœur du gyre ; une décharge à mer ouverte. Le bateau fend des étendues de plastiques. Il suffit de se baisser pour en ramasser. Il ne s'agit pas de gros morceaux de plastiques agglomérés comme l'appellation « 7e continent » peut le laisser entendre, mais d'une pollution plus sournoise, plus diffuse. Nous avons laissé un filet à plancton pendant une heure dans l'eau. La quantité et la diversité de plastiques piégés sont ahurissantes. Caoutchouc, filet de pêche, fragments de sacs plastique, microparticules en tous genres… Pas étonnant que les tortues et les oiseaux marins confondent ces déchets avec leurs proies et soient retrouvés morts avec du plastique non digéré dans leur système digestif !

25 JUIN 2013

Une fois la stupeur passée, nous avons consacré ces trois derniers jours à effectuer autant de prélèvements que possible. Nous serons bientôt de retour sur la terre ferme. P. Bertrand devra attendre patiemment les résultats des analyses réalisées sur nos échantillons. Entre membres de l'équipage, nous anticipons déjà de repartir, au printemps prochain, vers un nouveau gyre inexploré, probablement en Atlantique Nord… ●

LA « PLASTISPHÈRE », UN NOUVEL ÉCOSYSTÈME

Récemment, des études scientifiques ont permis d'identifier plus de 1 000 espèces de bactéries et d'algues sur des déchets plastique récoltés dans l'Océan. Flottants, durables et inertes, ces derniers favorisent l'accrochage et la colonisation par de nombreux organismes. Les plastiques deviennent de véritables milieux de vie où différentes espèces de microbes et petits crustacés cohabitent et où diverses relations (alimentaires, symbiotiques, etc.) s'organisent. ●

CES INCONNUS DES RADEAUX DE PLASTIQUE

La durabilité des matériaux plastique leur permet de parcourir d'importantes distances, voire même de faire parcourir des kilomètres à leurs passagers clandestins potentiellement envahissants. Les conséquences de leur arrivée au cœur de nouveaux écosystèmes sont encore méconnues. Par ailleurs, des bactéries du genre *Vibrio* ont été décelées sur des substrats plastique. Vectrices du choléra et d'autres maladies gastro-intestinales chez l'Homme, elles peuvent s'attaquer au système digestif des poissons. Les déchets plastique pourraient-ils propager des maladies infectieuses chez les espèces qui les ingèrent (oiseaux, poissons, etc.) et, en remontant la chaîne alimentaire, infecter l'Homme ? ●

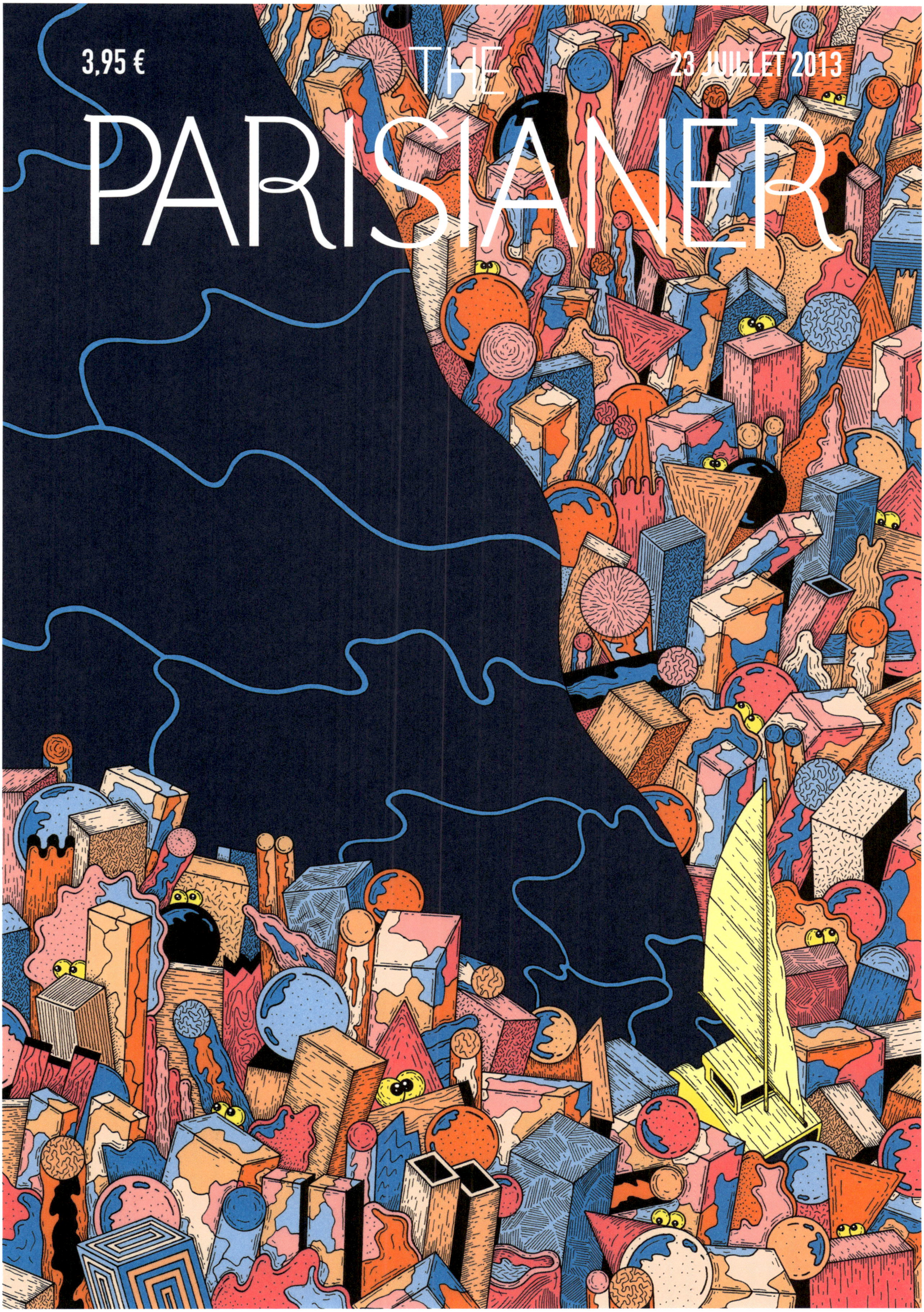

FRÄNECK

CÔTÉ DÉCO

Les animaux empaillés reviennent à la mode ! Mis sous cloche, accrochés au mur ou encore exhibés sur un piédouche, ces incontournables de la décoration donnent – paradoxalement – une touche de vie à nos intérieurs. Mais d'où vient cet étrange savoir-faire ? Pour en savoir plus, je suis allée enquêter à la source des pratiques taxidermiques. Reportage.

Par ***Marie Claire Dayrol,*** *journaliste mode et tendance*

Je me souviens qu'adolescente, les dépouilles d'animaux morts m'attiraient. Je préférais d'ailleurs à l'époque la compagnie des animaux – vivants ou morts – à celle de mes camarades. Mais jamais je n'aurais imaginé faire d'une telle fascination une profession... C'est avec ces réminiscences de ma période gothique que je parcours les derniers mètres qui me séparent du préfabriqué aux extracteurs d'air bourdonnants du Service de préparation ostéologique et taxidermiste (Spot) du Muséum national d'histoire naturelle.

Jeune jaguar femelle (Panthera onca).

Les portes gigantesques s'entrouvrent : le maître des lieux, Christophe Thiney, me salue et m'invite à entrer. Plafond haut, lumières blafardes, odeur putride saisissante : je sens l'excitation monter, en même temps que renaissent de vieilles émotions. Au centre de la pièce, un gigantesque mannequin de félin est juché sur un plateau à roulettes. Contre les murs, des établis accueillent des outils en tous genres.

Ici et là, des croquis savamment annotés laissent entrevoir la vraie nature de la naturalisation, à la frontière entre l'artisanat et la science.

En guise d'accueil, Christophe Thiney m'avoue, amusé, que les journalistes de mode ne sont pas monnaie courante... Je tente de cacher ma curiosité, qui dépasse de loin mes obligations professionnelles. Il me fait asseoir dans un fauteuil recouvert de fourrure de babouin et me décrit avec un enthousiasme sincère la beauté de son métier. Une fois terminé, le félin qui trône au milieu de la pièce sera un *Smilodon fatalis*, un tigre à dents de sabre reconstitué à partir de la dépouille d'un lion du parc des Félins et d'un moulage de crâne de smilodon. Ce n'est pas une commande, seulement un rêve de gamin qu'il a la liberté de pouvoir réaliser.

Il ne me donne que peu de détails sur la préparation – peu ragoûtante selon lui – de la peau : le dépeçage de l'animal, le nettoyage des graisses et des chairs. Dommage. Il me montre ensuite l'utilité des croquis anatomiques, m'explique que le mannequin est réalisé à partir de contreplaqué, de fil de fer et de résine. Il me décrit précisément les avantages de la mousse de polyuréthane pour remplir l'animal et puis la minutie de la couture de la peau. Enfin, étape déterminante : composer la face de l'animal, lui donner une expression, un mouvement. Il propose de m'emmener visiter le hangar dans lequel sèchent les spécimens pendant des mois.

Il a l'air libre, heureux de redonner la vie à sa guise. En sortant, je vois un adorable bébé jaguar avec des épingles à linge aux oreilles, qui me fixe. Christophe me confie qu'il s'agit de la fille du célèbre Aramis du Parc zoologique de Paris, morte à six mois des suites d'une malformation cardiaque. Il me dit aussi qu'il dispose d'un congélateur débordant d'animaux morts dans des zoos, prêts à l'emploi. J'en frémis. ●

DES MATÉRIAUX IMPUTRESCIBLES

Autrefois, les taxidermistes utilisaient de la paille pour remplacer les organes des animaux, d'où l'appellation d'« empailleur », mais ce procédé posait des problèmes de conservation. La profession s'est ensuite tournée vers la confection de structures en métal habillées de bois et de plâtre. Aujourd'hui, des matières synthétiques imputrescibles, comme le polystyrène ou les mousses plastique de type polyuréthane et polyéthylène, permettent une conservation longue durée. Elles présentent aussi l'avantage d'être plus légères et plus faciles à travailler. ●

LA TAXIDERMIE, VOCATION HISTORIQUE DU MUSÉUM

Si les prémices de la taxidermie moderne remontent au XVIe siècle avec la découverte de contrées lointaines et inconnues et de leur faune, c'est au XVIIIe siècle que la pratique devient un moyen « sérieux » de conserver les spécimens et de sensibiliser le public au monde animal. La création du Muséum, en 1793, coïncide avec la naissance des techniques modernes. Et pour cause : la taxidermie en était une des vocations originelles... ●

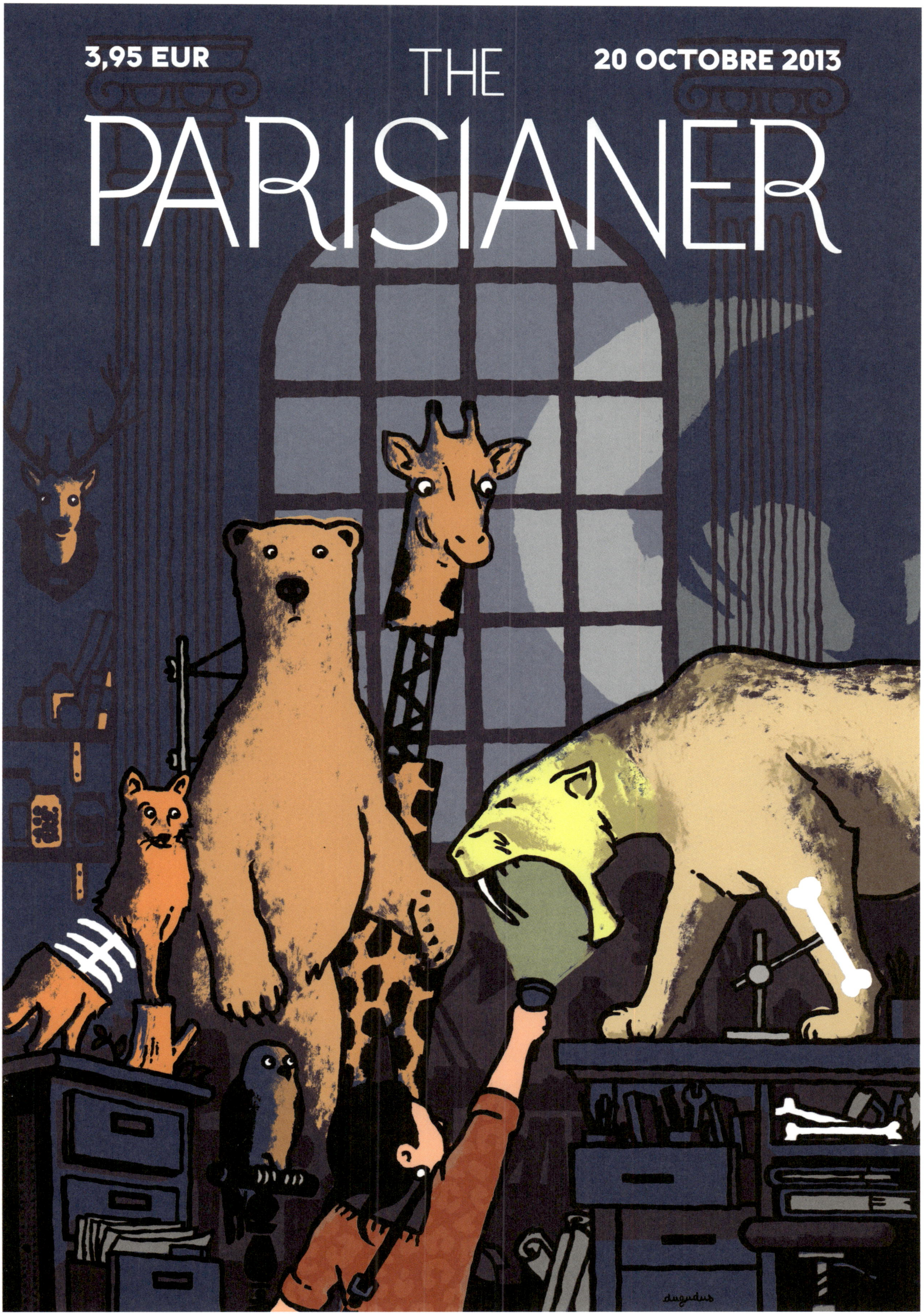

DUGUDUS

L'humain,
un animal parmi d'autres

Certains doutent que l'animal puisse être doué de culture, car c'est le propre de l'Homme, non ? Intelligence certes, conscience pourquoi pas, mais culture… Allons donc. Prêt à en découdre avec ces scientifiques écolos qui renient la suprématie humaine, je pars interroger Auréliane Saublette, éthologue au Muséum et spécialiste de la culture animale.

Par ***Éric Groselli****, polémiste*

Éric Groselli : Que mettez-vous derrière le terme de culture pour le prêter si volontiers à nos amies les bêtes ?
Auréliane Saublette : Je pense qu'on peut parler de culture animale à partir du moment où des techniques ou des coutumes se transmettent entre les individus d'une population donnée par d'autres biais que la génétique. Regardez la culture humaine : n'est-ce pas un ensemble de traditions et de règles qui ne sont pas d'origine purement biologique mais que nos pairs nous transmettent ?

E. G. : Sauf que la culture humaine est multiple dans le temps et l'espace. Je doute fort que ce soit le cas chez les animaux.
A. S. : Et pourtant… Non seulement de nombreuses espèces apprennent de nouveaux comportements, puis les transmettent mais, au sein d'une même espèce, ces comportements varient fortement d'une population à l'autre. En Tanzanie par exemple, les chimpanzés de Kasoge se serrent la main ; ceux de Gombe, à 50 km, n'en font rien.

Visiteurs à la Ménagerie du Jardin des Plantes devant l'enclos des éléphants.

E. G. : Avez-vous des preuves solides qu'il s'agit bien de transmission et non de hasards isolés ?
A. S. : Le premier exemple de culture animale a été observé au Japon dès le milieu du XXe siècle. Dans un groupe de macaques, une femelle a eu l'idée de laver une patate dans un ruisseau avant de la manger. La trouvant sans doute meilleure parce que débarrassée de ses grains de sable, elle recommença. Cinq ans plus tard, tout le groupe lavait régulièrement ses patates. Plus tard encore, d'autres individus préférèrent tremper leur patate douce dans l'eau de mer, pas loin de là. La patate devenait encore meilleure puisque salée ! Et cette tradition s'est poursuivie à la génération suivante. Si l'existence de cultures animales ne fait plus débat, c'est parce que, depuis des années, nous avons ouvert les yeux sur l'étendue et la diversité des comportements et des pratiques sociales du règne animal, très faciles à voir chez les grands singes notamment.

E. G. : Les singes sont peut-être proches de l'Homme, mais ils l'auront probablement juste imité.
A. S. : Les multiples dialectes d'oiseaux de la même espèce, le langage dansant des abeilles, les techniques régionales de chasse des cétacés… Ces apprentissages sociaux ont lieu partout, sans que l'Homme y soit pour quelque chose ! Je soutiens que la culture humaine ne représente qu'une infime partie de la culture du règne animal. Convaincu ? ●

D'autres exemples surprenants

Les chimpanzés se servent de branches pour débusquer des insectes ou bien collecter du miel sauvage, mâchouillant ensuite leur extrémité. Les orques mettent des années à apprendre à leurs petits à s'échouer sur les plages pour chasser l'otarie sans rester… échoués. Les abeilles dansent pour indiquer à la colonie un champ de fleurs. Les corbeaux de Nouvelle-Calédonie taillent et courbent des brindilles pour déloger des larves sous l'écorce. Les fourmis africaines Matabele transportent et soignent leurs congénères blessées au combat. Les « faucons de feu » australiens transportent dans leurs serres des fétus enflammés pour répandre le feu et chasser les petits animaux qui le fuient. Et tous transmettent le truc à leurs proches. Que faut-il de plus pour démontrer l'existence de cultures animales ? ●

Orang-outan femelle (Pongo pygmaeus).

Keiji Yano

UN BLOB
AU ZOO

Cet après-midi, j'ai rendez-vous dans un lieu que j'affectionne : le Parc zoologique de Paris. Il y a deux jours, j'ai appris l'arrivée imminente d'un nouveau pensionnaire : un blob nommé *Physarum polycephalum*. D'après ce que j'en sais, cet être unicellulaire est des plus étranges. Pour mieux le comprendre, je pars à la rencontre du jardinier en charge de lui, Hagrid Poursan, qui attend de pied ferme son nouveau protégé.

*Par **Vincent David,** biologiste*

Vincent David : Un blob sous votre responsabilité, c'est une première, non ?

Hagrid Poursan : Tout à fait ! Cela ne va d'ailleurs pas sans appréhension, d'autant que nous n'avons pas encore été formellement présentés, lui et moi ! Mais les scientifiques qui s'occupaient de lui jusqu'à présent m'ont rapporté que, malgré sa couleur jaune et son aspect qui ne paie pas de mine – il est formé d'un réseau de filaments qui peuvent s'étendre de quelques centimètres à plusieurs mètres carrés –, il a tout de même son petit caractère !

V. D. : Son petit caractère ? Que voulez-vous dire ?

H. P. : Les blobs ont beau occuper une place particulière dans notre arbre du vivant – ils ne sont ni des animaux, ni des végétaux, ni des champignons, même s'ils en partagent certaines caractéristiques –, ils ont une personnalité ! Mon Blobby, par exemple, est assez partageur et très explorateur. Il appartient au 720e sexe, soit le dernier de tous les sexes possibles chez le blob. Il raffole des bolets, du sucre et des flocons d'avoine. Pour les manger, rien d'extravagant : comme tous les blobs, il couvre, absorbe puis digère à l'intérieur de son corps la matière organique qui lui sert de nourriture. D'ailleurs, il déteste avoir faim. S'il est trop affamé, il développe une technique incroyable : il forme de petits « arbres » qui dispersent des spores, pour aller chercher des endroits avec de la nourriture. Par contre, il se dessèche lorsque les conditions environnementales ne sont pas adaptées (trop de sécheresse, de lumière, etc.) et peut rester ainsi des années. En réalité, il est presque immortel, mon Blobby ! Si on le coupe en morceaux, soit il se reforme en quelques minutes, soit il génère autant de nouveaux blobs qu'il y avait de morceaux. Autant de nouveaux Blobbies desquels s'occuper ! N'est-ce pas sensationnel ?

Girafes (Giraffa camelopardalis) et grands koudous (Tragelaphus strepsiceros) *devant le Grand Rocher.*

V. D. : Absolument ! Êtes-vous inquiet de son intégration ?

H. P. : Les blobs présentent des comportements intelligents, vous savez. Ils ont la capacité d'anticiper des événements, de résoudre des énigmes, de communiquer des informations. Ils choisissent d'eux-mêmes la nourriture la plus adaptée à leur santé et ont même une mémoire externe, sous la forme de traces de mucus qu'ils laissent là où ils sont déjà passés pour optimiser leur exploration. Je suis persuadé que Blobby appréciera mes soins ; je promets de stimuler son appétit pour l'exploration… et pour les flocons d'avoine. Et s'il ne supporte pas la solitude, il devrait bientôt être en âge d'entrer dans sa première période de reproduction ; j'espère donc pouvoir très rapidement lui présenter de potentielles Mme Blobby ! ●

LE PARC ZOOLOGIQUE DE PARIS, TOUTE UNE HISTOIRE

Lors de l'Exposition coloniale de 1931, un zoo éphémère est créé au bois de Vincennes afin de faire découvrir des animaux exotiques. Son succès populaire encourage la construction d'un nouveau zoo pérenne, conçu par le directeur de la Ménagerie du Jardin des Plantes, Édouard Bourdelle (1876-1960). Sa structure vise à donner l'illusion d'une liberté des animaux. Inauguré en 1934 et entièrement rénové en 2014, il s'étend sur 14 ha, dominés par son emblématique rocher artificiel. Aujourd'hui, quelque 2 000 animaux sont répartis en cinq biozones. Le choix de ses espèces a été établi en fonction des programmes d'élevage des espèces menacées. Tourné vers la mise en valeur et la sauvegarde de la biodiversité, le Parc zoologique de Paris a pour missions la conservation des espèces, la sensibilisation et la recherche. ●

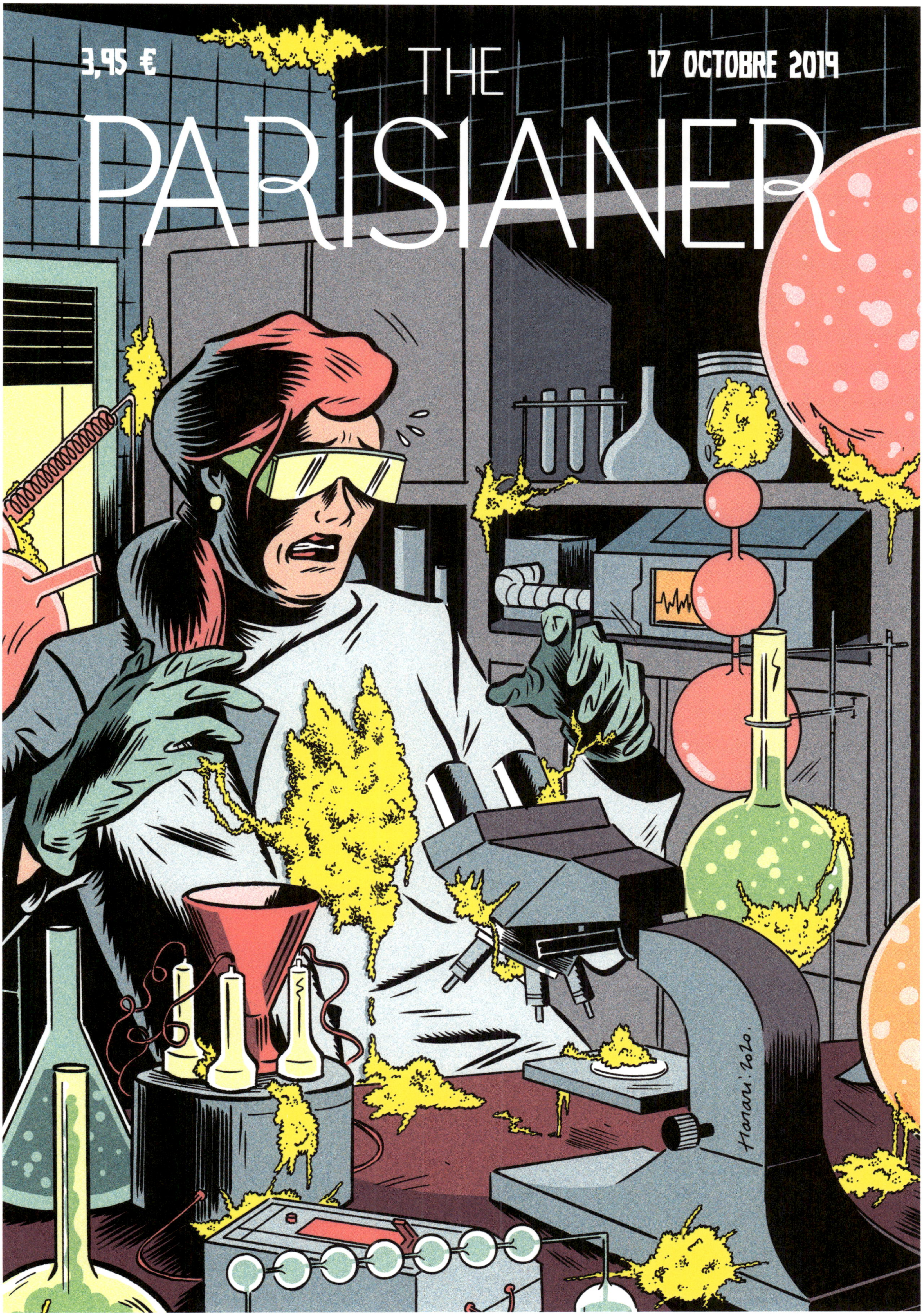

LUCAS HARARI

LA FORÊT VIERGE N'EXISTE PAS

Extrême sud de la Guyane. Avec nos deux guides amérindiens Wayana, nous partons pour les célèbres monts Tumuc-Humac qui séparent la Guyane du Brésil. Nous sommes sur les traces d'un ancien peuple, découvert par hasard l'année dernière par une collègue botaniste du Muséum. Nous ne sommes pas au bout de nos surprises...

Par ***Eliott Roy,*** *écologue*

L'**aventure** débute en 2018 quand Marie, la botaniste du Muséum chargée de faire l'inventaire de la biodiversité de cette partie inexplorée de la jungle amazonienne, s'égare. Ici, s'égarer, c'est se perdre définitivement. Heureusement, les secours parviennent à la repérer. Elle rentre au camp avec une grande nouvelle. Hors des sentiers battus, elle a repéré de nombreux vestiges d'une présence humaine (tessons de poteries, fragments d'outils, etc.). La trace d'une tribu disparue ?

Un an plus tard, nous voilà, explorateurs aguerris, arpentant cette partie de l'Amazonie qui a fasciné et englouti plus d'un de nos confrères. Malgré des conditions climatiques difficiles, nous retrouvons le site repéré par Marie. Dès le début des fouilles, nous sommes surpris du grand nombre de vestiges mis au jour. Sans doute s'agissait-il d'un gros village.

Mimisiku, Wayana faisant partie de l'expédition.

Mais, depuis hier soir, nous sommes en état de choc. Après une journée harassante occupée à pomper la boue accumulée dans une fosse, nous étions à la nuit tombée avachis dans nos hamacs détrempés, transpirants. Nous avons entendu tout à coup des voix. Dans la clairière derrière le camp, nous avons aperçu un groupe d'hommes. Quand ils se sont avancés vers nous, nous pouvions voir à travers eux. Les hommes fantomatiques se sont immobilisés à quelques mètres de nous. L'un d'eux a fait un pas en avant et a pris la parole dans une langue inconnue. Puis le silence. Nous étions sidérés, incapables de faire le moindre mouvement. Et soudain, ils avaient disparu.

Nous aurions pu croire à une hallucination collective ou un délire fiévreux. Pourtant, nous sommes formels, les propos de l'homme nous sont parvenus très clairement. Dans la nuit, nous avons tenté de retranscrire ces paroles, que voici : « Vous ressemblez à ces hommes religieux que nous avons rencontrés ici même. Ils nous craignaient, et nous aussi. Ils venaient échanger des objets merveilleux et tenter de nous convertir à leurs étranges coutumes. Nous avons résisté. À leur départ, nous pensions vivre en paix mais d'autres hommes mauvais sont venus, accompagnés des Wanapu, nos ennemis de toujours, qui voulaient nous chasser de nos terres ancestrales. Ils ont ravagé nos villages, emmené des hommes en esclavage, massacré nombre des nôtres. C'est notre dernier souvenir. Depuis, nous errons sans but. Merci de mettre au jour les traces de notre passage dans ce monde, laissées il y a si longtemps. Cela nous fait revivre un peu. »

Un détail nous est revenu au matin. Les hommes portaient des plaques d'or scintillant à leurs oreilles. Ce détail incongru nous a rappelé que les Tumuc-Humac étaient aussi appelés Eldorado, un lieu si souvent convoité par des générations d'explorateurs cupides. Aurions-nous rencontré les gardiens du mythe ? •

Les Tumuc-Humac au sud du mont Mitaraca.

UNE AMAZONIE SURPEUPLÉE !

Avant l'arrivée des Européens, la population amazonienne comptait environ 10 millions d'Amérindiens. Ces derniers vivaient dans la forêt dense qu'ils exploitaient sans la détruire. Ils cultivaient des jardins près de leurs villages, circulaient sur des sentiers et sur les rivières. Depuis 1492, les maladies infectieuses importées ont causé la disparition de près de 90 % de cette population. Puis les vagues successives de destruction forestière (or, bois précieux, pétrole, élevages et cultures intensives, etc.) ont poursuivi cette œuvre de mort. Mais les descendants des peuples autochtones continuent de se battre pour leurs droits et leurs terres de part et d'autre des frontières établies par les peuples colonisateurs. •

AURÉLIE POLLET

TOUTE LA MÉMOIRE DU MONDE

Des armoires, des tiroirs, des rayonnages, des boîtes et des boîtes, plus que vous ne pourriez en ouvrir dans une vie... De toutes époques, bien rangés, classés et étiquetés avec soin, les cartons s'empilent dans les réserves du Muséum national d'histoire naturelle. Plongée dans la mémoire du monde...

Par ***Bruno Borgès,*** *directeur général délégué aux collections du Muséum*

Dans les galeries du Jardin des Plantes et le musée de l'Homme, au-delà des espaces d'expositions permanentes et temporaires, des réserves abritent, sur des kilomètres de rayonnages, des collections de tous types : des planches d'herbiers hors d'âge, des carottes de forages océaniques ou lacustres, des séquences d'ADN et des tissus vivants figés dans l'azote liquide, des fossiles en tous genres, des insectes, des minéraux, des échantillons de bois, des fragments de météorites... Comme une arche de Noé grandeur nature : la mémoire matérielle du monde vivant.

Chaque spécimen est rangé avec soin pour qu'il ne se dégrade pas au fil du temps. Il est répertorié selon une méthode partagée par tous les muséums du monde. Classées pour être facilement consultables, ces collections se tiennent à la disposition des chercheurs, susceptibles d'être étudiées et réétudiées à tout moment.

Hortus siccus, *herbier Jehan Girault.*

L'Herbier national, créé avec le Jardin royal en 1635, est l'une des collections les plus remarquables au monde avec notamment le plus ancien des herbiers de France, celui de Jehan Girault, datant de 1558. L'Herbier contient actuellement 8 millions de spécimens, collectés sur les cinq continents. Depuis peu, un peu moins de 6 millions d'entre eux – ce qui représente environ 47 % de la flore mondiale – ont été numérisés pour être plus facilement partagés en ligne avec des spécialistes du monde entier. Parfois, à la demande d'universités, certains exemplaires sont convoyés à l'autre bout de la planète, emballés, surveillés, puis retournés aussitôt qu'étudiés.

Et que dire des collections animales ? Elles ratissent large ! Vertébrés, invertébrés marins, arthropodes terrestres, collections vivantes des zoos, collections paléontologiques, préhistoriques, ethnologiques et anthropologiques... À chaque spécialité, sa collection et ses spécimens.

En ces temps où la biodiversité planétaire décline inexorablement, avec un rythme d'extinction des espèces cent à mille fois supérieur au taux moyen depuis l'apparition de la vie sur terre, le Muséum devient le coffre-fort du monde vivant, où la mémoire des gènes et des formes se conserve comme un bien inestimable pour le futur de l'humanité. ●

EN HÉRITAGE

La collection Tournefort, du nom du botaniste du Jardin du roi, est la première à être léguée au Cabinet du roi en 1708. Elle est suivie en 1772 par celle de son élève Sébastien Vaillant. Puis, au XVIIIe siècle, celles de Jussieu, Lamarck, Bonpland et Humboldt et autres explorateurs, naturalistes ou biologistes constituent l'Herbier du Muséum. Aujourd'hui, l'Herbier s'enrichit encore par des échanges entre scientifiques du monde entier, par des dons et des legs de particuliers et, fait nouveau, par des passionnés des sciences participatives, les herbonautes. ●

RIEN À DÉCLARER ?

Ce sont 105 planches d'un herbier prêtées à des chercheurs de Brisbane (Australie) par le Muséum national d'histoire naturelle qui ont été brûlées par un service de biovigilance australien en 2017. Un impair administratif qui s'avère une perte scientifique et patrimoniale inestimable et définitive. Ces échantillons, collectés il y a 230 ans, visaient à comparer des spécimens anciens de plantes australiennes avec leurs contemporains afin de connaître leur évolution génétique. C'est raté. ●

Tragopogon porrifolius *L., Asteraceae, herbier Léon Mercurin.*

LOU RIHN

LE MUSÉUM ENGLOUTI

L'intégralité de la calotte glaciaire du Groënland et une grande partie de celle de l'Antarctique ont fondu, haussant le niveau de la mer de près de 60 m par rapport à la fin du XXe siècle. Comme beaucoup d'autres villes, Paris est presque entièrement submergée. Pour que la mémoire de ces cités englouties subsiste, des plongeurs téméraires partent à la recherche des connaissances perdues. Rapport d'exploration n° 34-764.

Par l'équipe du projet ***Subaquatic Parisianer***

Grâce au dernier étage de la tour Eiffel qui nous a servi de repère, nous surplombons le Jardin des Plantes, autrefois situé dans le Ve arrondissement de Paris. D'après les documents recueillis par la dernière équipe, il abritait le « Muséum national d'histoire naturelle ». L'exploration du jour a pour objectif de visiter les vestiges de ce qui fut un haut lieu de la connaissance scientifique.

Dans la partie sud-ouest de ce qui reste du Jardin, nous pénétrons dans un espace à trois niveaux qui semble assez bien conservé. L'architecture métallique, assez spectaculaire, nous permet de dater l'ensemble du XIXe siècle. Méthodiquement, nous commençons par explorer le rez-de-chaussée. Stupeur : de gigantesques ossements d'une baleine bleue reconstituée nous font face. Un sentiment étrange nous envahit, comme si le destin avait finalement rendu, bien que trop tard, la pauvre baleine à son milieu naturel. Un peu plus bas, une série de vitrines aux vitres brisées. Les captifs ont probablement retrouvé la liberté il y a bien longtemps.

Un niveau plus haut, une autre surprise de taille nous attend : une suite d'animaux fixés au sol forme comme un cortège. Les animaux, mais plus généralement les objets exposés, semblent relativement intacts, comme si l'eau était montée trop vite pour laisser le temps de déménager l'ensemble, mais trop lentement pour endommager les pièces de manière irréversible. Mais le plus étonnant, c'est que parmi les animaux du cortège, la plupart nous sont inconnus. Étaient-ils déjà éteints lorsque le musée les a mis à l'honneur ? La réponse nous attend un peu plus loin, lorsque nous nous engageons dans un couloir sombre justement dédié aux espèces menacées et disparues. Après comparaison attentive, nous réfutons notre première hypothèse. Mais déjà, l'oxygène nous manque ; il faut désormais entamer la remontée vers la surface. Une chose est sûre : ce lieu a beaucoup à nous apprendre si nous désirons un jour reconquérir le savoir d'hier. ●

Squelette de baleine australe (Eubalaena australis) *dans la Grande Galerie de l'évolution en 2021.*

SOUS L'EAU *(BIS)*

Il y a 240 millions d'années, les 100 000 km² du Bassin parisien reposaient tranquillement sous des eaux tropicales ! Et pendant près de 220 millions d'années, des sédiments se sont accumulés pour former une couche de 3 000 m d'épaisseur qui continue d'exister sous nos pieds. ●

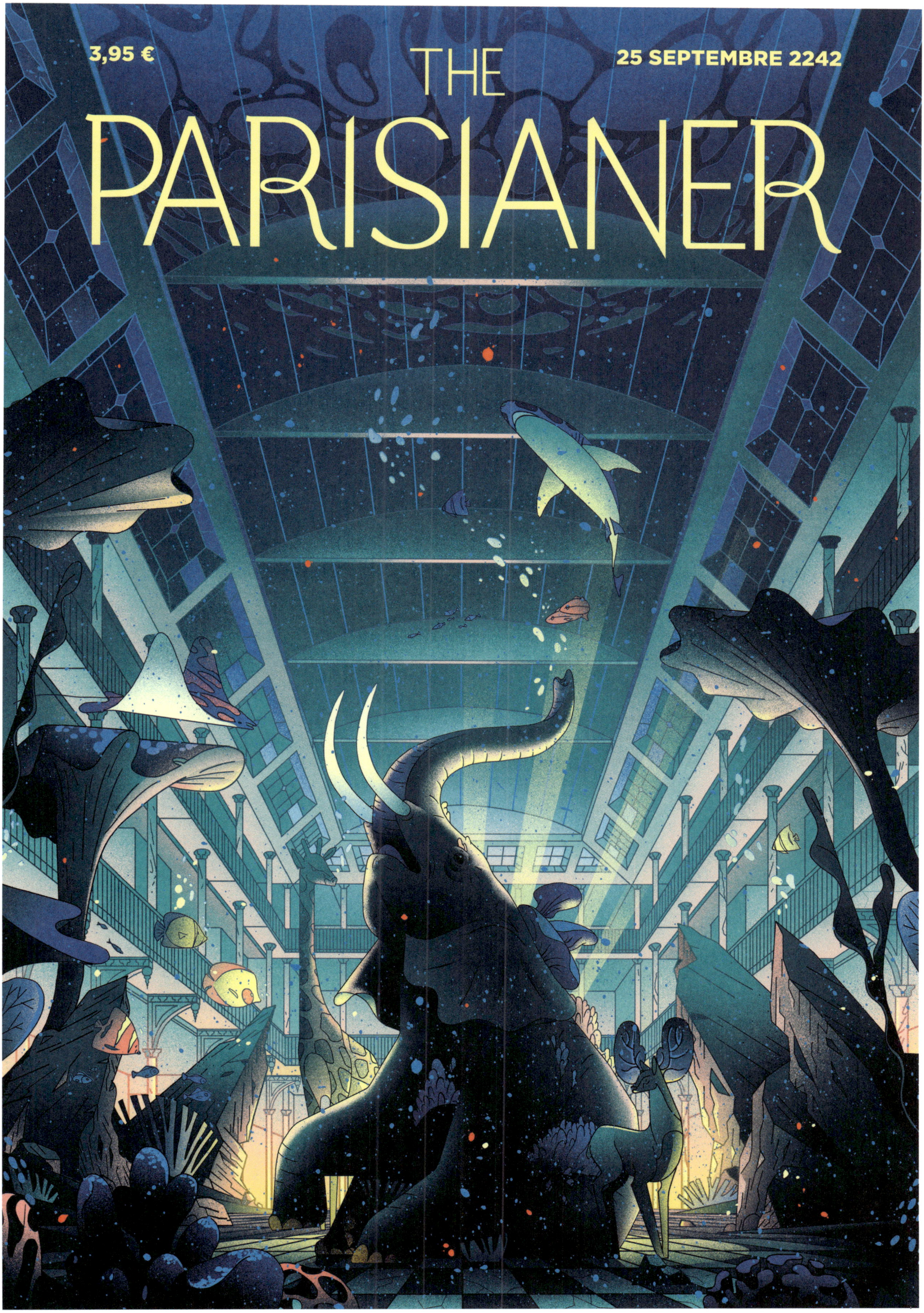

CRUSCHIFORM

Homo spaciens

Une colonie humaine oubliée sur Mars refait surface. Un récent survol du cratère Gale a mis en évidence les traces d'une colonie abandonnée à la suite du bombardement météoritique catastrophique de 2098. Le contact a pu être à nouveau établi, apportant son lot de surprises.

Par ***Thomas Pasquette****, planétologue*

C'**est au spécialiste de l'évolution** de l'ancestral Muséum national d'histoire naturelle, le plus qu'humain ZX13-HH5, qu'a échu la responsabilité des premiers échanges avec les hommes coupés de la planète mère depuis près de 1000 ans.

Il raconte avoir été étonné, mais pas surpris, de l'évolution de cette colonie isolée. Les mécanismes de la spéciation, depuis longtemps établis pour les espèces animales et végétales terrestres, fonctionnent parfaitement dans l'environnement inhabituel qu'offre la planète rouge.

Cette colonie d'un millier de personnes a survécu en exploitant les ressources du sol et du sous-sol. Avec l'environnement martien, leur poids et leur taille ont diminué, leur peau s'est éclaircie, leur pilosité s'est raréfiée. Leur langage a aussi beaucoup évolué du fait de l'obligation d'inventer des mots décrivant des choses et situations nouvelles. La faiblesse de la taille de la colonie a aussi favorisé l'appauvrissement de la langue quotidienne, très synthétique et utilitaire. Pourtant, quand la langue est au service des récits ou des légendes, un imaginaire fabuleux se déploie, mêlant inspirations terrestres et inventions locales.

En examinant de plus près leur métabolisme, il est apparu que la nature de leur alimentation, la faiblesse de la gravité – trois fois moindre que sur la Terre ! – ou encore la nature de l'éclairement diurne avaient une influence déterminante. Ils présentent en effet un squelette plus fragile et une masse musculaire affaiblie, mais une vision bien plus perçante assortie d'un système digestif surprenant d'efficacité, protégeant même contre le vieillissement.

Le bombardement cosmique de rayons gamma a aussi considérablement accéléré les mutations, ce qui, dans les premières centaines d'années, a nui au développement de la population, avant de se révéler très positif pour l'adaptation des organismes biologiques à cet environnement si particulier. À la suite de cette enquête, ZX13-HH5 a constaté de telles différences avec notre biologie terrestre actuelle qu'il pense que nos deux populations ne sont plus interfécondes : bienvenue à *Homo spaciens* ! ●

Vivre
dans les étoiles

Émigrer vers d'autres planètes, conquérir un nouveau système solaire, voici de vieux rêves de science-fiction ! Irréalisable, du moins pour l'instant, cette ambition devient pourtant de plus en plus concrète. Aller sur la Lune (1969), y retourner (2025 ?) et y rester longtemps (2030 ?)... Aller sur Mars pour y fonder une colonie sans retour (2040 ?). Et au-delà ? Les planètes extra-solaires ne manquent pas ; encore faut-il la technologie pour s'y rendre car, avec les moyens d'aujourd'hui, un aller-simple prendrait plusieurs dizaines, voire centaines de milliers d'années... ●

L'astronaute David R. Scott, commandant de la mission Apollo 15, sur la Lune, en 1971.

BRECHT VANDENBROUCKE

Légendes et crédits photographiques

Avis de grand froid
Jean-Baptiste de Poilly (1669-1728) et Nicolas de Poilly le Jeune (1675-1747), *Portrait de Voltaire (1694-1778)*, XVIIIe siècle. Estampe. Abbeville, musée Boucher de Perthes. D.R.
François Vulfranc Roche (1795-?), *Volcan sous-marin*, XIXe siècle. Lithographie en couleurs. Paris, MNHN, dation Krafft. © MNHN.

Ici la Terre
Sébastien Leclerc (1637-1714), Frontispice du *Mémoire pour servir à l'histoire des plantes* de Denis Dodart (1634-1707), Paris, Imprimerie royale, 1676. Gravure. © MNHN.
Achille Lefèvre (1798-1864), *Georges Louis Leclerc, comte de Buffon* (1707-1788), XIXe siècle. Gravure. © MNHN.

Sex in the garden
« Système sexuel », *in* A. Vigneux (XVIIIe siècle), *Flore pittoresque des environs de Paris*, 1812. © MNHN.

Pluie de météorites
Météorite de L'Aigle, France, 1803. Chondrite ordinaire. © MNHN/Jean-Christophe Domenech.
Météorite de Chassigny, France, 1815. Achondrite [SNC – chassignite]. © MNHN/Jean-Christophe Domenech.

Girafomania
Nicolas Huet (1770-1830), *Girafe réticulée* (Giraffa reticulata), 1827. Aquarelle sur vélin. © MNHN.

Affaire de famille
Cro-Magnon I dit « le Vieillard », *Homo sapiens*, abri Cro-Magnon (Dordogne), vers - 28 000 ans. Os fossile. © MNHN/Jean-Christophe Domenech.

Un diplodocus au Muséum
Moulage du squelette du *Diplocodus* dans la galerie de Paléontologie, 1908. Photographie. © MNHN.
Edward Drinker Cope (1840-1897). D.R.
Othniel Charles Marsh (1831-1899). D.R.

Le musée fait de la résistance
Paul Rivet (1876-1958). Photographie. D.R.
Anatole Lewitsky (1901-1942). Photographie. D.R.
Yvonne Oddon (1902-1982). Photographie. D.R.
Boris Vildé (1908-1942). Photographie. D.R.

L'abominable crabe des abysses
Galathée yéti (*Kiwa hirsuta*). Spécimen vivant. © MNHN.

Carnet rose

Faon de cerf sika pseudaxis (*Cervus nippon pseudaxis*). © MNHN/Agnès Iatzoura.

Côté déco

Jeune jaguar femelle (*Panthera onca*). © MNHN/Agnès Iatzoura.

Cap sur le 7e continent

Tortue caouanne (*Caretta caretta*) s'apprêtant à manger un sac en plastique. © Shutterstock.

L'humain, un animal parmi d'autres

Gustave Doré (1833-1883), *Visiteurs à la Ménagerie du Jardin des Plantes devant l'enclos des éléphants*, 1854. Gravure. © MNHN.
Albert Adam (1833-1900), « Orang-outan femelle », *in* Jules Rostaing (1824- ?), *Le Jardin des Plantes*, Paris, Ducrocq, 1873, planche XVIII. © MNHN.

Un blob au zoo

Girafes (*Giraffa camelopardalis*) et grands koudous (*Tragelaphus strepsiceros*) devant le Grand Rocher du Parc zoologique de Paris. © MNHN/François-Gilles Grandin.

La forêt vierge n'existe pas

Mimisiku, un des guides amérindiens Wayana faisant partie de l'expédition dans les monts Tumuc-Humac (Guyane-Brésil), en 2019. © MNHN/Marie Fleury.
Édouard Riou (1833-1900), « Le Tumuc-Humac au sud du mont Mitaraca », *in* Henri Anatole Coudreau (1859-1899), *Chez nos Indiens, quatre années dans la Guyane française* (1887-1891), Paris, Hachette, 1893. D.R.

Toute la mémoire du monde

Hortus siccus, herbier Jehan Girault, 1558. © MNHN.
Tragopogon porrifolius L., *Asteraceae*, herbier Léon Mercurin (1808-1994), 1951. © MNHN.

Le Muséum englouti

Squelette de baleine australe (*Eubalaena australis*) dans la Grande Galerie de l'évolution, 2021. © MNHN/Agnès Iatzoura.

Homo spaciens

L'astronaute David R. Scott, commandant de la mission Apollo 15, sur la Lune, en 1971. © NASA.

Cette édition a donné lieu à une exposition, *The Parisianer. Chroniques du Muséum*, présentée au Jardin des Plantes, du 20 mai 2021 au 13 octobre 2021.

Direction de projet

Muséum national d'histoire naturelle
Agnès Parent, directrice des Publics
Elsa Guerry, responsable de la programmation et de l'itinérance des expositions
Flora Ploquin, chargée de projet d'exposition

Conseil scientifique

Guillaume Lecointre, zoologiste, systématicien, professeur du Muséum national d'histoire naturelle

En collaboration avec les équipes de la direction générale déléguée aux Musées, Jardins et Zoos et en particulier de la direction des Jardins, de la direction de la Communication, de la direction de la Sécurité et de l'ensemble des services de la direction générale déléguée aux Ressources.

Direction artistique

The Parisianer
Aurélie Pollet et Michael Prigent

Remerciements

Merci à toute l'équipe de The Parisianer, Fanny Clavurier, Nicholas Dalton, Dominique Goupillon, Étienne Pollet, Stephen Prigent, Aurore Sandoval.

Que soient ici très chaleureusement remerciés tous les scientifiques du Muséum ayant contribué à la conception de cet ouvrage grâce à leur précieuse relecture ou leurs conseils avisés : Christine Argot, Cécile Aupic, Serge Bahuchet, Antoine Balzeau, Patrick De Wever, André Delpuech, François Farges, Marie Fleury, Matthieu Gounelle, Guillaume Lecointre, Yann Locatelli, Luca Morino, Élisabeth Quertier, Xavier Riffet, Michel Saint Jalme, Catherine Vadon.

Éditions du Muséum national d'histoire naturelle
Lucile Desmoulins, responsable des éditions grand public
assistée de Charlotte Chomard et Alice Touraine

Relecture
Christophe Parant

Direction artistique
Aurélie Pollet et Michael Prigent

Conception graphique
Michael Prigent

Illustration de couverture
Brecht Evens

Illustrations
Alexandre Clérisse, Cruschiform, Dugudus, Fräneck, Lucas Harari, Martin Jarrie, Roxane Lumeret, François Maumont, Catherine Meurisse, Philippe Mignon, Virginie Morgand, Aurélie Pollet, Clémence Pollet, Emiliano Ponzi, Michael Prigent, Lou Rihn, Brecht Vandenbroucke, Clément Vuillier, Yifan Wu, Keiji Yano

Photogravure
Les Caméléons, Paris

ISBN : 978-2-85653-896-8
Dépôt légal : mai 2021
Achevé d'imprimer en mars 2021,
sur les presses de Graphius,
à Gand (Belgique).

www.mnhn.fr
TheParisianer.fr